逆向思考力

通往胜利的消极路线

The Power of
Negative Thinking

An Unconventional Approach
to Achieving Positive Results

[美] 鲍勃·奈特 著　孟硕洋 译

北京时代华文书局

图书在版编目（CIP）数据

负向思考力：通往胜利的消极路线 ／（美）鲍勃·奈特著；孟硕洋译.
-- 北京：北京时代华文书局，2019.5
书名原文：THE POWER OF NEGATIVE THINKING: An Unconventional Approach to Achieving Positive Results
ISBN 978-7-5699-2981-2

Ⅰ．①负… Ⅱ．①鲍… ②孟… Ⅲ．①成功心理学—通俗读物 Ⅳ．① B848.4-49

中国版本图书馆 CIP 数据核字（2019）第 058983 号

北京市版权著作权合同登记号　　字：01-2016-7439

负向思考力：通往胜利的消极路线

FUXIANG SIKAOLI:TONGWANG SHENGLI DE XIAOJI LUXIAN

著　　者 | ［美］鲍勃·奈特
译　　者 | 孟硕洋

出 版 人 | 王训海
责任编辑 | 周　磊　刘　磊
装帧设计 | 程　慧　赵芝英
责任印制 | 刘　银

出版发行 | 北京时代华文书局 http://www.bjsdsj.com.cn
　　　　　北京市东城区安定门外大街 138 号皇城国际大厦 A 座 8 楼
　　　　　邮编：100011　电话：010 - 64267955　64267677
印　　刷 | 三河市祥达印刷包装有限公司　0316 - 3656589
　　　　　（如发现印装质量问题，请与印刷厂联系调换）
开　　本 | 880mm×1230mm　1/32　印　　张 | 7.5　字　　数 | 160 千字
版　　次 | 2019 年 8 月第 1 版　　印　　次 | 2019 年 8 月第 1 次印刷
书　　号 | ISBN 978-7-5699-2981-2
定　　价 | 45.00 元

需要承认的是，本书所采用的标题包含着我个人的幽默元素，明显是对另一部作品开了个玩笑，而这部作品，在我人生的大部分阶段，在美国大部分地区都几乎是圣经一样的存在：诺曼·文森特·皮尔的《正向思考力》（*The Power of Positive Thinking*）。

这本书在1952年出版，那时我还在上小学。在出版的第一年，这本书的销量就超过了两百万册，并且至今还在售，迄今为止总销量已经超过五百万册。由于持有相反的立场，我在这场销售竞赛中落后了几百万册之多，但我却非常乐意接受这样背道而驰的角色，并执笔写下我关于《负向思考力》这本书的观点。

在为完成这本书而进行一些调查以前，我一直都不知道原来诺曼·文森特·皮尔也来自俄亥俄州的北部地区。我和他相隔两个世代，出生、长大的地方相距100英里；他来自俄亥俄州的西部地区，我则来自东部地区。这些使我们都具有一些美国中部地区的特点：都是在小城镇文化中长大，甚至都皈依了相同的卫理公会教派。不过，后来他转向了荷兰改革教派，而我现在处于无宗教信仰状态。当然，比起那些无神论者，我更属于一名有神论者。

对于牧师皮尔先生在图书销售、布道、演讲以及电视节目方面取得的成功，还是存在质疑的声音的。一位皮尔前几部关于心理学与神学的著作的合作者就曾因为《正向思考力》这本书与他分道扬镳。我认为这个做法是危险的，且至少在某种程度上来讲，塔利·沙罗特显然也是这样认为的。

沙罗特女士的书中有一个故事是这样讲的：民主党总统候选人阿德莱·史蒂文森在一所教堂进行竞选活动演讲前，被警告他很有可能

序　言

　　我们当中的许多人都没有意识到自己其实具有乐观主义的倾向……有关数据清楚地表明，大多数人都高估了自己未来的职业成就；高估了自己的寿命；期望自己能够比同龄人更加健康；严重低估了他们面临离婚、癌症以及失业的可能性；过于自信自己未来的生活能够比自己父母的更加美好。这一系列的想法被称作"乐观主义的偏见"——人们倾向于高估在未来遇见积极事件的可能性，却又低估遭遇消极事件的可能性。

——塔利·沙罗特《乐观的偏见》

谨致我的祖母：

她出生于1878年，是第一个教我使用负向思考的人。

她当时是这么说的："如果说愿望是一匹马，那么连乞丐都可以骑马。"

不会从听众当中获得一张选票，因为主教皮尔鼓励他的教徒们组成投票阵营去支持共和党候选人德怀特·艾森豪威尔。对此，史蒂文森是这样巧妙地回击的："我认为保罗是吸引人的（appealing），而皮尔则是吓人的（appalling）。"这体现出史蒂文森所掌握的与《圣经》相关的知识以及智慧。

当时我年岁尚小，还不可以投票，但是我很确定在他们进行的两次竞选活动中，我都是支持艾森豪威尔而非史蒂文森。不过呢，平心而论，史蒂文森很清楚在这场竞选中处于劣势一方意味着什么，并保持了自己的幽默感。

对皮尔的讽刺之下，沙罗特女士的书暗含着我多年以来一直支持的观点。在书的封面上，她被描述为一位致力于"乐观主义、记忆以及情绪"的研究者，拥有"纽约大学的心理学与神经科学的博士学位"，身兼多所科研院所的职务，其中包括惠康基金会的研究员职务。在俄亥俄州的奥威尔市，这种描述会招来怀疑的目光，但如果是一名篮球教练的话，情况就变得有意思了。

在《乐观的偏见》一书中，沙罗特女士提出：

> 现实情况是，大多数人认为他们自己比平均水平更优秀……一项在1970年代中期实施的调查表明，85%的人认为自己与人相处的能力排在人群的前50%，70%的人则认为自己的领导能力排在人群的前50%……另外一项调查表明，91%的人群相信他们的驾驶水平排在前50%……这是不可能的。大多数人不可能比大多数人还要优秀……然而，我们还是有理由

相信自己在大多数积极的特质方面都处于人群的前列，而且我
们也确实这样认为。这种现象被称作"优越感的错觉"。

我并不完全同意她的结论。我是一名篮球教练，倾向于从经验与
直觉来更加直观地审视她所更加理性地描述的事物。但是，我完全同
意的是，无论是民众还是国家，都天生倾向于乐观地看待事物，认为
不需要任何推动就会走向牧师皮尔先生所描述的方向。我从这一事实
中看到了一些危机——我在过去四十年的大学篮球执教生涯中也是这
样认为的——对那些看起来太过美好而导致并不真实的事物，确实需
要谨慎对待，就像在生活中穿过任何一条街道时都要环顾左右一样。
无论在哪种岗位上或是处于哪种家庭情况，为了达到长远的成功，关
注事物的负面都是很难做到却又必要的特质。

在这本书中，我在大部分篇幅中将以教练的角色提及关于执教与
篮球的术语。并且，由于我的执教领域是男子篮球，因此我在使用代
词时将更多地采用"他"而不是"她"。但是，我希望所有的内容都能
够得到更加广泛的理解，对于男女性都适用并且具有比喻意义，因为
我在执教领域所建立并遵守的准则，能够完美地应用于商业领域或其
他领域中的领导工作。执教意味着领导，而领导意味着领导力，无论
是在一栋体育馆、一间办公室、一间教室还是一个家庭中，都是如此。

我澄清一下：我不认为应当做一个绝对的消极主义者，让人挂着
一张苦脸四处游走，永远只能看到事物的阴暗面，总是认为失败将要
发生。这根本就不是我的初衷，与我的目的截然相反。

我想说的是，在任何情况下，对于可能出现的负面事件保持警

惕是产生正面结果的非常好的方法。反过来也是一样的——如果预先忽视或无法注意到危机，那么失败的几率就更高。接下来，我以天气为例来谈谈这个问题。你可以计划一次世界上最棒的户外活动——包括食物、游戏、娱乐以及饰品——但是，一场阵雨能够搞砸这一切，而你却并没有考虑到这场阵雨的可能性，此时你便处于盲目的乐观状态，并且有面临灾难的风险。

千万不要认为，仅仅因为你认为某事将会发生，所以这件事情就会发生。

事前计划胜过亡羊补牢。而且，良好的计划能够使我们无需补救在未考虑到潜在陷阱的情况下所推进的项目。

停下来，三思而后行。这是我们所有人用来引入考虑事物的新方式的短语，旨在退一步看眼前的现状，并以全新的视角来审视它。

停下来，三思而后行——这是我常说的一句话，对于心怀不顾一切的热情而盲目向前的行为，它是最好的解决办法。

我们身上最值得赞扬的特质之一，就是我们具有快速思考的能力。当我们身处紧急情况时，运用这种能力是很棒的。但同时，这种能力也是有风险的。当时间允许，确保你是在清晰地思考将是更好的选择。我们有多少次读到或听到一些人因为做出草率的决定，而导致自己面临犯罪指控、丢掉工作或是因为不明智的行为而破坏了自己的家庭？在每一个重要的行动中，都蕴含着许多计划以外的结果，因此我们至少要像最出色的围棋选手一样思考，考虑下一步动作将可能诱发哪些无法预料的连锁反应。

我所谈论的，是确保"无误"与不要认为成功是理所当然的，是接受乳房以及直肠检查，是通过保险来保障健康、生命以及财产，是在你收入最高的几年中规划你的退休生活。简而言之，我所谈论的，是《负向思考力》中朴实的常识所体现出的智慧与价值观。

我希望你们能够有所触动，或许能够从这本书中学到什么。而且，请一定要享受生活，并为我们改变了你的乐观想法而感到愉悦。

鲍勃·奈特教练

第三章 消极主义的局限性

第四章 历史上的消极主义：从《圣经》说起

第五章 拿破仑、希特勒以及其他积极主义者

第六章 第一份工作中的负向思维

第九章　定一个高目标

第十章　"你将代表你的祖国"

第十一章 一个陈词滥调的得意作者

结　语

附　录

第一章

把盲目乐观者摁
在板凳席上

THE POWER OF
NEGATIVE THINKING

负向思考力

"亲爱的，别担心。一切都会好的，都！"

有可能你在三四岁的时候，第一次从你母亲那里听到这句话。公开反对来自慈母的任何形式的建议，都是非常危险且近乎非美国人式的行为，但是让我们坦诚地看一下这句话：

"让我亲一下就好了。"

事实上，除非母亲嘴里含着一大口碘酒，否则她的行为对你没有任何帮助。不管是什么引发了这类安抚人心的保证，除非使用药物——而非安慰——事态是不会得到好转的。

从我们还是婴儿时起，我们就被这样的陈词滥调所包围着，这些安慰可能会在短期内转移注意力，但并不会起到长期的作用。对，时间不会治愈所有的伤痛，伤痛无法自行痊愈。与其花时间来认识伤痛的原因，试着去消除引发不幸的原因，不如想办法阻止不幸的发生，使之无法出现。

由此，《负向思考力》这本书便应运而生了。

我们有能力使那些盲目乐观者仅仅存在于童话故事当中，而这将使我们自己的生活变得更好，因为我们消除了那些虚假的幻觉，不会假装问题并不存在，从而导致这些问题产生或者恶化。

我认为，在使诺曼·文森特·皮尔赚大钱并获得永久名气的著作的标题中，存在大量的盲目乐观主义元素，表现为压抑不住的乐观主义以及在任何事物中寻找积极面的倾向。随意将题目定为"盲目乐观主义思维的力量"是非常草率且危险的。为什么我们不希望自己的球队里有盲目乐观者？我以一名篮球教练的身份来谈论这个问题，贯穿我整个执教生涯的理念是：**绝大部分篮球比赛，不是赢下来的，而是输掉的。**我总是关注即将到来的比赛，并且思考所有我们可能输给下一个对手的方式，其中有一些方式——或者说绝大部分——其实和对手根本没有关系，而是要求我们修正自己的执行力，从而避免被自己击败。

要像卓越的雕刻家观察大理石板一样来思考比赛的策略。雕刻家希望刮除那些多余的部分直至人物的正确轮廓浮现出来。无用的材料要被清除掉，从而创造出和谐的艺术作品。

正如我总是提前关注每场比赛和每个赛季一样，我的第一想法总是这样的：**我们有哪些缺陷？我们怎么能最小化、避免或者克服这些缺陷，从而让我们有更好的机会赢下比赛？**

那么，如何消除无谓的能量以及不必要的错误来打造一支团结而成功的球队，并使之发挥出应有的水平呢？

我会在更衣室张贴我想要强调的内容，希望球队的每一名球员从训练的开始直到本年度最后一场比赛为止的每一天都能够看到这些最基本的准则。球员们会将这些内容清楚而又深刻地记在心上，最终使之成为他们的第二天性。

有一条准则是我认为最重要的一条，所以我总是最先将它贴出来：**胜利属于犯错最少的团队**。我曾执教过的每一支球队都在这句标语下为训练或比赛进行更衣准备。还有一条我颇为中意的准则是，当汉堡王的广告标语还是"我选我味"的时候，我会告诉我的球员们："我们可不是来汉堡王吃饭的，我们要按照我的选择来做。"

篮球——就像生活一样——在一定程度上可以说是关于犯错的比赛。尽管经历了几千年的进化，但人类依旧无法完美无缺地打完一场比赛。作为一名教练，你必须要明白，并不是在进攻或防守方面的提升使你的球队成为一支常胜之军，而是减少在球场上犯的错误，即去摆脱那些在篮球比赛中成为决定性因素的错误，包括：

糟糕的控球能力

拙劣的投射水平

缓慢的攻防转换速度

无法在争夺篮板球过程中卡位

单打独斗，缺乏合作的防守

这些个人的错误，或者由于懒惰导致的不负责任的粗心都有可能导致球队失败。而商业领域的情况则是这样的：获得成功的时候，好大喜功的CEO或者部门领导会独占荣耀；而面临失败的时候，他们又会选择责怪他人。当然，这种领导的下属势必会怒火中烧，在某一个时间节点必然会引发混乱。按照体育的行话来讲，他们的所作所为是把目光从篮球上移开，把注意力从公司需要他们去做的事情上移开。作为一名教练或领导，你的职责是激发出你的团队的最佳表现，而不是最差表现。

在鼓励你的球员赢球之前，你必须要告诉他们如何避免输球。对于篮球而言，我认为糟糕的犯规是最糟糕的坏习惯。如果执行防守任务的球员注意力不集中，便会导致一次糟糕的犯规——与我们在训练场上投入大量时间来练习的脚步、站位、警觉以及预判大相径庭。这种犯规是不应该出现的，是一种不该去尝试的捷径——就像为了躲避应有的程序或规则而出现的捷径一样。对于篮球而言，犯规可能会给对手两次罚球得分的机会，并且还会计入全队累计犯规次数。在商业领域，这是一种无法履行个人责任并危害团队努力的失败行为。

消除这类令全队失望的错误是我为什么总是将训练场当做教室的原因。在训练过程中，我会要求球员自始至终保持全神贯注，我希望我的篮球课堂比一所大学的任何一门课程都要严格。

在训练场上，训练内容设计得并不有趣，球员不仅仅要学习赛场上的准则，而且也无法立刻实际应用这些理论。有时，教练们会在训练过程中或是在赛前准备中讨论所谓的"乐趣"，但我认为在这二者之中根本不存在"乐趣"。只有赢球才会带来乐趣。我最喜欢的球员之一，迈克·焦沃伊，一名一米九八的中锋，曾经在西点军校为我们定义了什么叫做乐趣。他曾经在西点军校的一次晚餐上谈到了这个话题，说道："我可以告诉你的是，作为一个班级，我们并没有有趣地打篮球。实际上，当我认真对待篮球时，我也没有享受到乐趣。""我并不是为了找乐子才来的。我是为了打篮球、赢球并成为一名士兵才来的，并且我们也是这样做的。"诚然，他懂得如何去赢球。

胜利的行为，胜利的艺术以及清楚如何获得胜利，是成为一名领导所需要的重要特质。并且，我猜测，对于几乎所有的职业而言——包括牧师——获得胜利都是目标，是定义成功的标志。

减少失误的四个关键词

在篮球比赛中有太多消极的因素需要你去解决，而整个由消极实现积极的策略中，最关键的四个词语是：**如果**（if）……，我们将没有机会赢球；我们将会输得很惨，**除非**（unless）……；我们**做不到**（can't）这样打……；我们**不要**（don't）这些……如此，我们将赢下比赛。对于一名输家，最糟糕的感受就是"我本想""我本可以""我本应该"。让你的球队学会如何正确地准备与进行比赛，学会如何减少错误。如此一来，输球所导致的最痛苦的后果将被最小化——但是永远无法回避它。

同我的球队一起观看比赛录像是减少错误的一个有效方法。一些教练会用这段时间来点出球队打出来的一些好球。但我想的是利用这个时间来准确地定位错误——特别是犯下这些错误的方式——从而使这些错误不再发生。我们之所以赢下了许多比赛、许多冠军，靠的是这么多年以来不断去打磨我们球队做得好的地方。但是，在整个备战阶段，我们最关注的一直是如何避免输球，这包括聚焦于其他球队做得好的地方，其他球队能够击败我们的地方——当对手持球，当我们持球，或者当双方争抢地板球使双方都有可能获得球权的时刻。

只有渴望，不能成事

我认为，在一系列虚伪的陈词滥调中，"你可以做到任何你真的想做到的事"赫然在列。事实上，那是不可能的。我们可以认为，得益于上帝的伟大规划，整个世界能够以互相依赖的方式运转着。而事实上，对于我们每一个人而言，我们做不好的事情比我们做得好的事情要多。这就是为什么我们的社会会拥有医生、水管工、电工、机械工以及克雷格列表网[①]专家的原因。没有人比我更加努力地去激励我们的球员带着激情去打球，去保持球队专注于完成所有看起来很"小"而实际上非常重要的事情上——竞争、欲望、勇气、意愿，以及决心。如果你能带着激情去打球，那很有可能打得很准确，因为你的球员为赢球投入越多的努力与能量，他们在比赛中产生的努力与能量也就越多。但是，每次在胶着的比赛的最后几秒钟听到解说员说这句话时，我的面部都会忍不住产生抽搐："让我们看看哪支球队最渴望胜利。"

有人会赢球，也有人会输球，但千万别告诉我，他们二者之间的区别是，赢家对于胜利的欲望比输家更加强烈。

我来举一个最近的例子：2010年NCAA[②]男子篮球联赛的总决赛上，

----

① 克雷格列表网（Craigslist）是由克雷格·纽马克（Crag Newmark）创建的分类信息网站，包括求职、招聘、房屋租赁、二手产品交易、家政、娱乐等信息。

② NCAA（National Collegiate Athletic Association），全国大学体育协会，它是由美国千百所大学院校所参与结盟的一个协会。其主要活动是每年举办的各种体育项目联赛，其中最受关注的是上半年的篮球联赛和下半年的橄榄球联赛。

杜克大学对阵巴特勒大学。几乎所有美国人都选择支持巴特勒大学，这支球队的主教练是年轻的布拉德·史蒂文斯。这支球队拥有灰姑娘式的经历，从低级联赛一路击败传统强队，最终杀进了总决赛。人们告诉我，每个人都讨厌杜克，因为他们赢过太多比赛了。我爱杜克，因为他们赢了太多比赛了——因为在迈克·沙舍夫斯基的指教下，他们比所有他们打败的队伍打得更好的次数更多。我非常欣赏两支球队在当晚的表现，因为我对于布拉德·史蒂文斯以及他的小伙子们的表现印象深刻。

当晚，我放松地观看两支球队激烈的比赛，双方的防守都安排得很缜密，球员也都可以很好地执行。在比赛最后一分钟，随着巴特勒大学错失了几次投篮——一个本来可以进的球和一个海尔·马里差点投进的中场球——杜克大学赢下了比赛。

一些电视上的家伙现在会告诉我，比赛结果之所以会这样的原因是杜克大学更渴望赢球？如今我也是那种上电视的人了，但我试着不说出这样的蠢话。没有人比巴特勒大学或者杜克大学的孩子更渴望赢球。

仅有渴望是无法做到任何事情的。

而真的去做则可以实现你的渴望。在那一晚，杜克大学做得更多一些。或者，按我的说法，他们犯的错更少，并且按照训练所要求的那样去打球，最终将冠军带回了家。

自此以后，当布拉德·史蒂文斯以及其他巴特勒大学的教练组成员坐下来回看这场比赛的录像时——在一场巨大的失望后去做这件工作并不是一件易事，但对于执教而言是非常重要的部分——我打赌，在比赛最后时刻投丢的那几次投篮根本不会是教练组解释巴特勒输球的原因。

我对于纪律的定义，尤其针对篮球但也适用于更加广泛的领域的定义，在这种情况下会发挥重要作用：

> 纪律，就是你能够意识到必须完成什么，尽自己所能去完成它，并且从始至终都能够这样去做。

当然，你不可能每次都能做到倾尽全力。纪律意味着你每一次都努力做到倾尽全力。

知道自己应该做什么与不断地努力去做什么，这二者之间的区别在我的另一个准则当中也有所体现：

> 光有赢球的意愿是不够的。每个人都有这样的意愿。重要的是，你愿意为赢球去做准备。

愿意做准备的意愿是我在这里所强调的关键。

通过发现、处理并消除通往胜利之路上的障碍，负向思考的力量将得以发挥作用。

输球了？分析它，憎恨它！

我阅读过各种各样的关于获得胜利的书籍，这些书常常由运动员或企业高管执笔，而他们一生中关于胜利（或者收益）的记录确实令人怀疑。

但我还没有读过任何一本关于失败的好书。

我们需要这样一本书，因为每一名教练——以及每一个人——都要面对失败。生活中的第一要素——至少在你的脑中是如此——是一份从失败中恢复、从失败中吸取教训并消除那些引起失败的因素的计划。

从失败中吸取教训并不会使其成为一个积极的失败。在1975-1976赛季，我清楚地记得，艾尔·麦奎尔（他所执教的马奎特大学当时排名全国第二）非常坦诚地说道，出于赢得总冠军的考虑，我们最好输掉一场常规赛，来消除长期连胜所产生的"压力"。他表示他并不是在和我们玩什么心理战。而我并不认同艾尔的这番话，无论当时还是现在——尽管已经过去了三十七年之久。

并且，我确信在1975-1976赛季效力于印第安纳大学的球员像他们的教练一样自豪，因为我们是最后一支从来没有甩掉那种"压力"的大学男子篮球队。在那以后的冠军球队，至少会在赛季中输掉两场比赛。

但是我一直认为，当你真的输球，你必须要从失败中吸取教训。我们为什么输球？如果我们仅仅是因为对手有更好的球员而输球的话，那么我们就需要招募更好的球员。但在绝大多数的情况下，比赛的失利都可以归结为在场上犯下的错误，这才是我们需要持续关注的问题。

当球队输球的真正原因在于场上的错误时，教练们通常在非公开的场合下会将失利的原因归结为一次糟糕的判罚、一场伤病或一些在比赛中发生的意外事件。败方教练员在媒体发布会上最典型的言论便是"他们（对手）命中了一些投篮"，而真正的原因其实是他的防守战术允许"他们"完成了好的投篮。或者，败方教练员会说"我们没能够命中投篮""今晚我们的手感非常差"，而真相却是"我们"选择了太多糟糕的投篮，"我们"并没有努力去获得高质量的投篮机会——任何球队都有可能错失良机。

每支球队都该带着自信去打球，但是你最好去考虑输球这一潜在的事实——在一个赛季中，或者一场比赛中，以及任何一场比赛中。就像银行家或证券经纪人最好在任何一项投资项目上都要考虑清楚下行风险。

让我澄清一下：做好准备避免输球目的在于帮助球队获得胜利。在这一点上，目标是去赢球，而憎恨输球并不是一种性格上的缺陷。

你总会听人们说，失败是体育的一部分，我们必须学会接受它。在输球以后，我会有意去认可对方教员、球队或单独某位球员所展现的过人之处。但是，可能让人并不感到意外的是，我不认可"无法避免"输球的说法——永远都不！我从来都不想成为——或者依靠——一个不在意输球的人。对我来说，好的失败者，可能是那种不断在失败中练习的群体。

等等！先别急着庆功……

惯于正向思考的个体容易沉浸于一场重大的胜利，他会祝贺自己、工作人员和球员，并得意于自己以所在球队赢球的事实中！而习惯负向思考的个体则已然忘却了赢球这件事情，并开始着手准备下一场比赛。

这种事情发生得太多，以至于我都可以预见：一支球队发挥得很出色，拿下了本来应该是大败的比赛，然后又输掉了下一场比赛，从而丧失了在上一场比赛中获得的优势，且通常会输给一个比较弱的对手。

我对于这种情况有强烈的感受，因此我按照我对这种情况的理解将其命名为"'上一场-下一场'比赛理论"。对于篮球而言，在对阵一支相当出色的队伍时，如果我认为比赛行将结束前我们取得了对方无法超越的领先分数，那么我会将5名首发球员换下（而比赛还是继续进行，只是5名首发球员坐在替补席上）并同这5位球员探讨关于下一场比赛的问题：让他们考虑届时将防守哪些球员，考虑我们将面临的问题，在这场比赛中就解决这些问题。我不希望球员们对即将结束的比赛中的表现感到沾沾自喜。

但这并不意味着要否定他们在很好地完成任务后应得的那份成就感。一名教练永远都不要忘记称赞球员获得出色胜利的表现，但是要毫不犹豫地在他们打得不好的时候提醒他们——无论是输了球还是赢了球。

面对胜利时所体现出来的成功或失败的标志取决于在下一个暂停时间中发生了什么。最好的球队总是能够从上一场比赛走出来并投入到下一场比赛当中，为下一场比赛做好准备。我的经验是，积极思维者确实有一种享受胜利果实的倾向，沉迷于上一场比赛的胜利，当然他的球队也会如此。

而负向思考在这一重要问题上——意识到那样的美好时光会如何在下一个暂停时间击败自己——产生重要的影响并决定你将胜利还是失败。

投入到下一场比赛当中。当赛季结束以后，再去享受那些"大"胜。

到那时你再去回想这些比赛并尽情微笑，但是如果这些"大"胜已经使你在接下来的比赛要面对的任何对手产生了更强烈的击败你的欲望并且从你的成就当中获益的话，请不要再这样做了。我总是和我的球队强调："不要让这支即将对阵的球队夺走你们在上一场比赛当中得到的东西。"伟大的胜利因缺乏后续的行动而被消除。

一场比赛并不是一个赛季。快乐、乐趣以及成功都不是短期的。成功，意味着折磨，意味着坚持不懈，意味着能够有持续的高水平的表现。

面对失败者的摔倒露出的胜利的微笑也会出现在商业领域。"不错"或者"很好"并不会让人感到放松。商业大师吉姆·柯林斯曾说过："不错，是实现伟大的天敌。"因为当我们太容易感到满足，我们就失去了优势。

盯紧失败，保持痛苦

已退休的棒球经理托尼·拉·鲁萨绝对是一位了不起的人物，其历史地位从未发生动摇。追溯到他在奥克兰的那段时光，很长一段时间以来，我都一直将托尼视作亲密的好朋友。我非常敬佩他处理工作的方式——以及他对于球员和自己保持客观挑剔的能力。

当他帮助圣路易斯红雀队获得2011年世界职业棒球大赛冠军时，我简直欣喜若狂——就像我在他宣布退休后的几天一样激动，甚至可能更激动一些。他在事业处于最巅峰的时候选择了退休。另外一位出色的经理人、像拉·鲁萨一样亲密的伙伴，是来自底特律老虎队的吉姆·莱兰，他也曾举出一件事来证明托尼是棒球史上最出色的经理，而我认为他说的是对的。托尼的球队所赢下的比赛场数，比过去六十年中的任何一位经理都要多，并且他的球队曾经3次夺得世界职业棒球大赛的冠军。咱们就光说一点，在没有巨额预算和多位天价球星的情况下，能有几个家伙3次赢下世界职业棒球大赛的冠军？

有人批评托尼，认为他管理球队过度，而我认为他是赢球过度。

我曾经和托尼在春季训练赛期间一起坐在球员席上。在比赛、训练以及球队会议期间，他都曾坐在我们球队的球员席上。我和他一起吃了有100次晚餐。我同他讨论了打击顺序、比赛策略等棒球话题，甚至一些非传统的想法，像安排投手打第八棒（而不是第九棒），从而能够安排更多的队员（比如阿尔伯特·普约尔斯和马克·麦奎尔）面对强击手可以迅速上垒。

我观察过托尼在赢球或输球后的反应，我的一位朋友也曾在这两种极端情况下观察过他。在此以前，我的朋友曾经认为这个世界上再不会有另外一个灵魂，能够在输球后达到同我一样的痛苦程度，直到他看到托尼，发出了这样的感慨："这个家伙每年要执教162场比赛，（在输球后）竟又那般痛苦！"我非常欣赏托尼对于比赛的激情与关注。

在这以后，我读到了他在退休当天发表的一些文字：

> 我的教练总对我说："胜利带给你的愉悦比不上失利带给你的痛苦。"这个观点非常有道理。当你输球，你做不到在第二天将它抛在脑后；当你赢球，通常你会很容易地将它遗忘，因为你关注的是下一场比赛。

托尼在系列赛的倒数第二场比赛中经历了最困难的挑战之一：2011年世界职业棒球大赛冠军赛的第六场，在这场比赛前，得州游骑兵队以3比2的大比分领先圣路易斯红雀队，并且在第六场比赛快结束时仍处于领先状态，如果赢下这场比赛他们将获得本年度世界职业棒球大赛的冠军。比赛进行到第九局，红雀队两名队员出局，对方投手投出两次好球，红雀队以5比7落后；第十局，红雀队再次两人出局，对方再次投出两次好球，红雀队以7比9落后；第十一局，圣路易斯以一记本垒打拿下了这场比赛。整场比赛中，红雀队在绝境之下两次追平比分，并最终以一记"再见"本垒打将系列赛拖入第七场决战。

系列赛大比分打成3比3平手的状态。赛后，人们将第六场系列赛视作经典比赛，把它捧作世界职业棒球大赛史上最伟大的比赛来讨论。当然，还有最后一场决定生死的第七战等待开战。1975年，波士顿红袜队曾经奇迹般地逆转拿下了第六场系列赛，但是在第二天输掉了最终的冠军争夺战。托尼在球队结束第六场比赛后进行淋浴前，他的脑海中就不断闪现着红袜队的前例。托尼在退休当天描述了当时在第六场比赛后、第七场比赛前自己的精神状态，他表示他当时的想法非常清楚：

> 我们今天要做的，是将昨天放下，然后让自己被后人铭记。

> 在这样的局势下赢下一场比赛——尤其鉴于这场比赛的重要性——是更加困难的。我的意思是，这真的很难。我想不到比赢下这场比赛更难的事情了。

> 因此，鉴于我是给整个球队传达这一信息的成员之一，一旦我进入了兴奋状态（在第六场比赛后的早上，也就是第七场比赛的早上），我拒绝再去回想前一晚的比赛。

> 你要控制你自己的大脑。这是我们作为一个团队要一起去做的事情……这是一场势均力敌的比赛，你不能因为前一晚的事情分散注意力。

这是冠军所拥有的特质——忘记昨晚的胜利而备战下一场比赛。还有，这句话应该被写在每一位教练的墙上：

> 我们今天要做的，是将昨天放下，然后让自己被后人铭记。（托尼·拉·鲁萨，2011年度世界职业棒球大赛冠军）

我再讲一个我个人的经历：我们在1984年NCAA锦标赛的分区赛击败了排名第一的北卡罗来纳大学。对于我们的孩子而言，这是一场伟大的胜利。这场比赛一直打到星期四的晚上11点30分，赛后我们没有接受采访，直到凌晨两点钟才回到酒店，而我们还要在星期六的中午对阵弗吉尼亚大学，赢下这场比赛就可以打入最终四强。这大概是我经历过的最难的事情了：让我们的球队回到备战"北卡大学之后的一场比赛"的情绪中。

我没能做到这件事情。我们就是无法从上一场比赛的情绪中走出来并进入下一场比赛当中。当时还有一些其他的不可控因素，包括NCAA不负责任的赛事安排，但是我的职责就是保证我的球队"将昨天放下，然后让自己被后人铭记"，并专注于下一场比赛。但是，记分牌告诉我们并没有足够完美地做到这一点。

还有一个商业领域的例子，是关于发生在2000年左右的互联网初创企业的兴衰。许多小型科技公司当时试图模仿包括美国在线公司（AOL）在内的一批企业的成功，这些企业发展非常迅猛，让那些年轻的创业者们大发横财。当然，在这些小型科技公司当中，绝大部分公司都没有赚到什么钱（就算是赚了，数目也不值一提），但每个人都为无可限量的未来感到极度自信。

接着，市场发生了变化，顷刻间惨况空前。科技大潮停下了脚步，华尔街也面临大面积失业的窘境。谨慎与怀疑本可以阻止这一切的发生。当你开始为自己的胜利（或者收益）感到扬扬得意时，你就要大难临头了。正如一位睿智的评论员所说："早期的失败通常好于早期的成功，因为保持谦卑的教训能够在脑中保持很久，能够长期使你保持更加高效的状态。"

我曾试着在我儿子帕特很小的时候——大概八九岁的时候——给他一次教训。他说服我和他比试台球，但鉴于我们两个人的水平差距，他根本没有机会赢我，但我无法容忍他打球时那副漫不经心的样子，所以我相当快速地结束了比赛。之后他将球码好，想要再打一局。而我径直走开，说道："不，帕特，我不想再打了，除非你能够表现得更好一些。有时候，无论是体育还是人生，你都只有一次机会，你最好为此做好准备。而你今天绝对没有做好准备。"

几周以后，我们再一次一起打台球，而帕特确确实实打败了我。我感到非常震惊。我想着我们再打一个小时左右，但他却转身走上台阶，并且对我说道："不，爸爸，有时你只有一次机会。"真是长教训了！

自欺欺人的正向思维

一些会形成非常糟糕的坏毛病的事物需要在它们成形前就消除掉，我并不仅仅指篮球的问题。

比如说：在所有医学研究证明抽烟与癌症风险、肺部损伤有紧密关联的情况下，人们怎么可以依旧抽烟呢？"不会发生在我身上"，我认为这种自欺欺人的说法就是最高级别虚伪的积极思维，及其所呈现出的风险。喝酒喝得酩酊大醉，也是我无法理解的一种社会所能容忍的行为。用"社交"或"消遣"这些词语来合理化毒品让我感觉恶心。还有，"每个人都这么干（everybody does it）"是英语中最让人感到厌恶的短语的有力候选者。

我不能说吸烟者或者酗酒者与大批的肥胖人群（有那么一段时间，我也是这个人群中的一分子）之间有根本上的区别，或者说前者比后者更加愚蠢。所有的这些问题都有着共同的出发点，而针对这一点，《负向思考力》这本书将发挥非常大的作用。

奈特的箴言

正向思维的危险之处：

看看这家餐厅！都没有车！这里很好停车，我们很快就可以享用美食啦！

　　　你有没有发现一般菜品很难吃的餐厅总是有充足的停车位呢？

一图抵千字。

　　　我猜，这句话出自一位差劲的作家或者一位文盲吧。

老板不会在乎我是不是稍微迟到了一会儿。

　　　那你认为这封解雇通知书是什么意思？

第二章

关于"不"

在英语当中，我认为以下两个词语是最伟大的：

不（No）。

不要（Don't）。

在语法课上，无论你学习哪些相反的词语，你都会用上否定词缀，都会立刻想到用这两个伟大的否定词语。

我曾经对我以前的队员说了一遍又一遍：不，那不是我们想要的。"不"和"不要"这两个词语是《负向思考力》的重要组成内容，还有另外一系列同样强有力的、不容更改的命令语句。我无法告诉你我对队员问了多少次：你对于"不"这个字有什么不理解的吗？你对于"不要"这个词有什么不理解的吗？

显然，不要（Don't）与做不到（Can't）都是消极词汇，但是实际上，使用这些词汇可以达到积极的效果。说出"我做不到"是完全无可厚非的事情。埃德·皮林，一位伟大的运动训练师，服役期间曾在厄尔·"红发"·布莱克上校手下打橄榄球，后来帮助我适应主教练的职位。他曾经给我讲了一个故事，这个故事强调了在正确的场合下说出"我做不到"的价值所在。

布莱克上校，我在西点军校的那些年得以了解他，大概从来不会有任何一名球员比皮特·道金斯更能得到他的关注，皮特曾荣膺1958年的海斯曼奖，另外两个曾效力于布莱克与西点军校的海斯曼奖得主分别是道克·布兰查德和格伦·戴维斯。皮特有多优秀，就对自己有多严格，但是一次腿伤让他陷入了一段低谷。埃德·皮林让他采用一项设备来帮助恢复腿部，而这也是皮特在当时所能做的一切了。布莱克上校将这些看在眼里，并走向皮特给他额外的激励："再用点力，皮特，再用点力。再用点力！"

皮特当时已经倾尽了全力，最终他爆发了，"该死，上校，我做不到！"

布莱克是一个没有任何队员敢跟他顶嘴的教练。但是，他了解自己的队员。他点点头便走开了。出自皮特·道金斯之口的"我做不到"意味着他的的确确是做不到更加用力，并且双方都足够聪明，他们明白就算突破这一极限也毫无意义。

就像皮特·道金斯所经历的康复历程，有时你会处在需要在此以后做某些事情的处境，但是在盲目的乐观主义与决心充其量只能帮倒忙的情况下，"我做不到"可能是你能得出的最好的结论。

你需要形成足够的常识，清楚什么是你做不到的，什么是你做得到的。要去了解自己的极限所在。如果你做不到，就不要去做，并且说出来，就像皮特·道金斯所做的那样。

不仅仅是伤病可以用来检验现实。能力，或者缺乏能力，也需要进行清晰的检测，无论是审视自己，或是作为一名教练或主管来审视他人。作为一名教练需要承担的责任之一，是确保队员了解自己和队友的优势以及劣势。这是球队的取胜之道：利用自己的优势，避免自己的劣势。我将这一理念化作一条简单的准则：投手负责投篮，传球者负责传球，每个人都负责防守。

肯尼·罗杰斯唱的一首歌里的一段歌词完美地诠释了这一理念：

> 你得知道什么时候该跟进……
> 你得知道什么时候该放牌……

神爱世人，包括你的对手

训练师埃德·皮林是我在西点军校时最出色的导师。我常常谈起我作为主教练所指挥的第一场比赛的故事。那是1965-1966赛季的首场比赛，对手是普林斯顿大学。在球队上场比赛前，我在更衣室里努力去完成所有我认为一名主教练应该做的事情。我将球队集结在一起，一起背诵祷文。我们背诵了祷文，而当我们准备走出更衣室上场时，埃德从我身后走来，将一只手臂放在我的肩膀上说道："不管怎样，让我告诉你——你们和祷文真的不是很协调。"

我再也没有那么做了。

我对此并没有感到任何不敬。我一直有个毛病，就是在任何一场比赛前向上帝祈祷——包括要求他或期待他能够偏袒我这一边。

我很熟悉保罗在《腓立比书》4章13节中的一句话："我靠着基督给我的力量，凡事都能做。"而我认为这句警句与现实世界的篮球或者任何一项竞技体育之间没有任何关系。

事实上没有人能够做到所有事情。对上帝产生期待，尤其当竞技比赛中一个人的胜利就意味着另一个人的失败时，向上帝祈祷看起来就像是在对着别人画十字一样。因此，当我听到一个家伙在打出一个制胜的全垒打后，说出或表示这一切是上帝偏袒他的结果时，我就会思考："他是在说上帝抛弃了那个投手？"我环顾四周，看到这世上每天都有许多惨剧在发生，所以我觉得比起涉猎体育并厚此薄彼而言，上帝有更多更加有意义的事情要去做。

我曾经执教过的一名球员确实会在执行罚球前画十字。我要求他放弃这一习惯——并不是因为这个动作冒犯了我，而是因为他是一个糟糕的投手，我告诉他他这是在抹黑教会。

还有一次，我在一名天主教学校的足球教练的晚宴上告诉他，让圣母从后场离开并让她休息休息："不要依靠神灵因你的绝望而给予帮助，靠你自己来阻挡并拦截对手会更加有助于你赢球。"

在印第安纳执教期间，有一次我还真的带上了一位牧师前往圣母大学，并在对阵圣母大学的比赛中让他坐在我们板凳席的后排。但是，我这样做是因为吉姆·希金斯教父是一位忠实的粉丝，是一个好人，也是我以及众多队员的私人朋友，并不是因为我认为牧师的祷告能够帮到我们——特别是在圣母大学这个地方。如果真的是一位牧师能够帮助我们赢球，那我们会比现在多祈祷一千倍。

用一个词来挑战盲目乐观：凭什么？

我认为最恼人的平凡，是某人面对一种非常糟糕的状况时，冷漠地说道："哦，好吧，太阳还是会在明天升起来的。"我的反应是：是啊，崭新的阳光还是会照射在那堆烂摊子上，除非有人做些什么来收拾局面。我总是想斥责那些所谓的"太阳的信徒"："根本就不是上帝是否可靠的问题，而是你自己的问题。"

当这些对着我们的耐心所唱的愚蠢的、乐观主义的颂歌响起时，我们需要在脑中记住的一个词来质疑：凭什么？

"明天一切都会更好的。"

凭什么？

"一切最终都会有一个好结果的。"

凭什么？

"下次我们会搞定的。"凭什么？很明显，你已经错过了这次机会，所以目前为止的证据显然不能说明运气会出现逆转。如果对于这个反问的词语能有一个很好的、合理的解释，那就说明你正在进步。如果没有在进步，那又是为什么呢？

一个简单的质疑——"凭什么？"——可以和一个词的提问一样重要。永远不要犹豫去问这个问题，尤其是向自己提问。

避免草率决定的"规避"词语家族

有一系列词语，可以帮助你避免做出一些草率的决定及其导致的糟糕的意外结果，我将这一系列词语称作"规避"词语家族。如果你能够在做决定前使用这些词语，无论是你要在亚利桑那买下一片沼泽地还是生成一项品牌推广计划，你都将会面临更少的"买完就后悔"的局面。这一系列词语包括：

预防	犹豫	修正
怀疑	注意	识别
保留	预测	揭露
组织	风险	教育
小心	拒绝	准备
进取		

我可能漏掉了一两个家族中的表兄弟。可能我忽略了它们，但绝不意味着我想规避它们。

实践层面上的"做不到（Can't）"与"不要（Don't）"

让我们稍微消化一下我认为的执教要点，看看有多少要点在办公室或者餐桌上做出人生决定时也能够起到作用。一个例子就是我刚刚以非常专业的口吻讨论了一会儿篮球，但是如果你将"做不到"与"不要"应用于日常生活，则是更加实际的学习与指导经验。

先单独说说进攻：在我执教生涯的大部分时光，我都在试图让他人理解这个理念——中国伟大的军事家、将军孙子所说的——"兵不厌诈"。在体育领域，我们所指导的所有进攻动作，几乎在一开始都需要先做出假动作。作为教练、领导，我们在训练场上一遍又一遍地强调要达到孙子所说的效果，就不能够在不做假动作的情况下做出那种动作。

以篮球为例：不要在没有考虑做假动作的情况下直接进行关键的投篮。如果没有假动作，你可能需要在防守压力下进行投篮。使用假动作，你可能可以骗取一次犯规，或者接一次运球后获得无人防守的投篮机会。使用投篮假动作或者传球假动作是我们的取胜之钥，而不用它们往往是我们输球的原因。

现在，即使我们觉得欺骗的手段在军事或运动场上发挥的效果比在一般的商务会议室要好，也不等于说商务谈判该放弃"假动作"。但其实，在缜密的准备、严格的自我约束以及一些一本正经的欺骗的基础上，假动作的原则也能够应用于制订任何重要的新方案之上。在一场商务谈判中，你不需要摆出你最好的筹码，而是要让对方透露他们的意图。在篮球场上，你的假动作将迫使对手首先表现出他们的意图。

同样地，你一定要警惕对手的第一步棋。在商务会谈当中，几乎所有的潜在合作者都会表现得非常热情，并且通常都有美酒助兴。餐巾方案看起来非常完美。"我们将会成为合作者"——这是工作准则，而"我们的律师将会完善细节"。

我的战术手册上写着：当事情看起来过于简单的时候，你最好提高警惕。一些篮球教练——那些专注于建立球员自信的教练，喜欢指导他们的球员：当你处于空位的时候就去出手投篮。或者：你觉得你获得了一个好的出手机会时，就坚决出手。

我是那种喜欢举起警告红旗的教练。许多球员对于"空位"的理解比我要更宽松一些，并且认为每一次投篮机会都是很好的投篮机会。他们需要被指导、被告知：对于他们而言，哪些才是处于他们舒适区和能力范围之内的好机会。伟大的职业球员，诸如杰里·韦斯特和约翰·哈夫利切克，可以在关键时刻做到几乎任何他们想做的事情，但稍逊一筹的球员需要更加谨慎。对于从事销售工作的职员，才华与机遇需要以同样的方式契合在一起。作为一个努力赢得年终大奖的销售代表，你认为你想尽快完成的订单对你的公司有长远的好处吗？还是说你要建立这样一个先例，让身处办公室的主管来应对后续要求同等交易的愤怒的顾客？我指导我所有的球队关于运球的各种原则，本质上都是强调球员在做动作前要观察场上局势，要清楚你正在创造的球场情况。比方说，在场上持球的后卫试图一传给身处底角的队友，而我给出的指令是：不要传球给底角的球员，除非接球人已经获得了空位投篮机会。为什么？如果你传球给一名在那个位置上已经被防守的队员，他有可能陷入一个高质量的防守陷阱，导致很难再把球转移出来。

同样的逻辑适用于传球给中锋或低位球员。我给出的警告是：除非你已经考虑过他面对的防守强度，否则不要把球交给低位球员。我们希望尽可能地把球交给低位球员，因为他拥有离篮筐最近的出手机会，但是传球者需要获得指导来学习如何做到这一点。直接传出高吊球是很容易被破坏或抢断的，而一记假动作接地板球则更安全一些，尤其是当中锋可以用身体来保护这次传球的时候。

上述都是简单而又符合逻辑的打球准则，而这些准则首先强调的就是消极的因素——永远不要冒着失去重要球权的风险做出一些决定。聪敏而谨慎的运动员在每一秒当中做出的决定，就像那些关注股市行情在每一秒钟发生的变化的投资者一样——考虑风险，计算最佳方案，并付诸实践。所有最初需要考虑的消极因素可以得到即刻解决，因此最终的选择将是正确的选择，也就是说，能够将篮球传给离篮筐更近、命中率更高的球员手中。我希望你的股票经纪人也能够按照同样的方式进行运作——排除那些具有风险的操作，寻找成功率最高的方案。（当然，我欣赏那些拒绝随波逐流的逆向投资者在股价遭遇通货膨胀时所做出的决策。这是另外一个关于"消极"判断的例子，能够为你的投资组合带来积极的效果。）

知道什么时候放牌

对于任何一名领袖、教练或者投资顾问而言，最艰难的一种情况是，放弃一项你不想要放弃的决定，因为这是你做出的决策。企业通常会具有自我强化的文化，意味着他们会抵触"不是从这里产生的"产品与理念。类似地，处于管理层的个体倾向于围绕他们个人的偏见或过去的经验来进行决策，而这有可能是非常危险的。

几乎对于所有的成长或者成就的过程而言，摒弃那些过时的理念都是至关重要的。有时，这意味着需要摒弃那些曾经被认为有价值的事物——可能是曾经你自己认为正确的事物。任何成功人士或有思想的人士都不会仅仅因为是他或她的主意而执著于没有效果的事物。

坚持不懈是一种值得尊敬的特质，而个体可以受正向的激情驱动而变得积极。但是，将这种激情带到沟里去是十足的愚蠢行为。因此，我们要聪明一些，要在投资决策变糟时承认现实。继续将钱砸到糟糕的投资项目上——按俗话讲叫"在坏项目上投好钱（throwing good money after bad）"——只会让这项投资因为愚蠢的行为变得更加糟糕。同样的道理也适用于打扑克牌的时候，你手上一手烂牌却还不停地要对方摊牌。当一项投资浪费时间、精力以及金钱时，愚蠢的行为会使它越来越糟，你付出的代价也会越来越大。这时，你倔强的坚持不懈就化成了一把双刃剑，转而捅向了自己。聪明的"消极"思维者会在做出每项投资决策的第一天就抱有怀疑的态度，并且会一直保持下去。成功人士必须有能力在事物发生变化的时候改变自己的想法，并试着跳出来或者找到一个更加有创造力的解决方法。

　　当然，打扑克牌的时候，你在每一轮都可以选择究竟是放牌还是跟牌，但是人生却没有那么好的选项。肯尼·罗杰斯在一首歌的副歌里很好地诠释了这一点。

　　从肯尼·罗杰斯的歌所得出的更加精妙的推论是：当你不是在打扑克牌的时候，你必须更加努力，让你的坚持不懈能够为你所用。而橡树岭男孩①也就解决口渴的绝佳方法展现出了他们的智慧：

把井挖得深一点儿，孩子们，

把井挖得深一点儿。

如果你想喝到清冽的水，

那你就需要把井挖得深一点儿。

---

① Oak Ridge Boys，美国著名的一支流行乐队。

我的父亲曾对我说，不要被眼前的东西迷惑了；

如果想要抓住事物的要害，那你就需要看得更深一些。

第二名并没有意义，儿子，赢家都是第一名。

喝一口井水反而觉得更渴，没有什么比这个更糟糕的了。

当比赛进行得不顺利时，执教的艺术便会偏离预先的比赛计划。可能叫一次"暂停"或者要求换人可以改变当时的情况。在这个节点上，你要根据实际情况来选择跟进或放弃。但是，刚刚橡树岭男孩的那段副歌具有更大的智慧，因为如果你有一支渴望胜利的球队，而你已经告诉他们要进一步深入到问题当中，并且已经给予他们限制自己犯错的工具，那么你的球队就有更好的机会最终获得胜利。

在商业领域也是如此。企业"战略"——一个在商学院广受欢迎的时髦词儿——其实非常简单，它意味着在你现有资源的前提下，最高效地配置你的资产（以及你的员工）。如今我们管人事部门叫"人力资源"，因为我们意识到，任何一个组织的员工对于它获得成功而言都是非常关键的。再次提出一个消极的警告："资源"一词也意味着你所拥有的人员天赋是有限的。因此保持专注非常关键，不要将你的资源浪费在愚蠢的小把戏上。

作为教练，这就是我总是试着排除错误的原因，因为每当我们拥有球权，我们都只有有限的资源，而我们需要在不浪费投篮机会的前提下将球打进。对于球员而言，要清楚应当什么时候持球，什么时候传球或者什么时候出手；要他们无视一切噪音或者对手挡在面前的手臂，并几乎出于本能地执行正确的战术。这种本能，是通过无数个日日夜夜的练习来塑造"肌肉记忆"的结果，使他们清楚自己接下来应该做什么和不应该做什么。

那些准备充分、训练有素的球员能够听到肯尼·罗杰斯在自己的脑海中轻唱那首歌。

对于教练或者领导，所谓战略是指了解如何利用自己的人手，并且清楚自己在哪一层面做不到利用他们。你要清楚事情是否按照你理想的方式发展下去，如果不是的话，你就必须做出一些调整。你要清楚什么时候跟进，什么时候放牌。

你要清楚什么时候选择走开，什么时候选择跑开。当你所做的事情并不会帮助你赢得比赛，你需要有所察觉。如果事情发展得真的非常糟糕，那就摆脱它，立刻！你必须提前规划出其他的选项。如果这个选项并不理想，那么……

"如果……那么……"是另外一个在体育和生活领域都非常、非常重要的因素。如果发生了A，那么就去做B。如果B行不通，我们必须准备好去做C、D和E。无论我们做什么事情，我们都必须做好"如果……那么……"的计划。

准备工作比运气靠得住

比赛从来都不是静止的。不要认为你对阵的家伙不会做计划，对方也会生成替代计划使自己的球队或生意能够处在获得胜利的最好位置。当你的努力并没有效果时你需要意识到这一点，并走出这种思维。

当你无法轻而易举地得到最棒的——球队、产品、天赋等，能够将你同其他人拉开距离的首先是你的准备工作。运气有时候会帮助你赢，但是准备工作是获得成功的更加稳定的公式。好的球队可以因为好运而胜利，但差的球队是做不到的。不要相信诸如"我们尽力了"这种话。如果你在适量的天赋的基础上进行合理的准备，那么你就可以赢。目标是去获得胜利，这当然要在公平并遵守规则的前提下，不过说到底就是要赢。

少一点希望，多一点汗水

我从12岁开始打篮球。自此以后，我的整个人生都处于打篮球、执教篮球或者看篮球的状态。我不确定我是否还"知道"其他任何事物。但是，篮球教会了我一件事情：输赢之间，差距甚大。赢球是有效领导力的产物。领导力能够帮助人们走出他们的舒适区。

我们每个人都有一个舒适区，我们喜欢能够以特定的节奏来打球或者工作。一名领袖，需要知道什么时候这种节奏是不够好的。每到10月、11月，我一直努力在做的事情是让我的球队走出舒适区，致力于提高自己——无论是作为球员个人或者是球队整体。

负向思维（即能够意识到以你的球队的一般水平和你做的一般水平的准备工作，是不可能击败你即将对阵的非常出色的且正常发挥的球队的）能够给予你更大的赢球机会。

完全等同于希望的积极思维并不能帮你赢球。有一句老话说"希望永恒不息"，但我不这样认为。我感觉在当今世上，希望遮掩了汗水的重要性。为了赢下那场球，你最好保证你的球队以及你自己，正在做些流汗的事情。

当你作为一名教练，自言自语道："好家伙，我获得的消息说我们下一场要对阵的球队实在是太出色了。"下一步你要考虑的就该是："我们一定要倾尽我们的全力。我们得有一个稍微不太一样的计划。我们不能按照往常那样来击败这支球队。"我们也不能指望耍什么花招，那将可能事与愿违。我们为一场比赛所制订的任何计划——任何一个比赛计划，尤其是当我们看到我们几乎没有犯错的余地时——最需要依赖的是我们的场上执行力比对手更好。

在一场普通的比赛中，我从来不希望我的球员这样想："我们没问题的，因为我们有更出色的球员，我们有优势赢下比赛。"我希望他们感觉为比赛做好了准备，是因为我们的赛前计划更好，准备更加充分。而我的职责就是要落实计划与准备。我还希望队员们明白，即便做了充足的准备，我们还需要尽可能好地执行计划来击败对手。我希望球员每场比赛都能打得像要对阵强劲的对手一样，因为确实如此。我认为我们打的每一场比赛，真实的对手都是比赛本身——我们能够多完美地打好这场比赛？

我曾经告诉我的球队："小伙子们，我们输给这支球队的唯一理由将会是……"此处再次变成"如果……那么……"环节。如果我们做不到我们为这场比赛所准备的那样，那么我们将被击败。这种消极的思维方式的结论是非常明显的，根本没必要说出来：如果我们做到这些，那么我们就会赢球。但是，我总是希望他们能够警惕、充满动力，并且意识到赢球始自"消极"——"如果我们不……"。

消极的想象：如果我们不……

重点在于负向思维者总是清楚他有可能被击败，因此他会努力让这个可能性降到最低。沉迷于幻想好事发生和"积极想象"的教练面临真的输球的风险，而这种可能性从未出现在他的脑中。因此，他很容易忽视那些他需要做好准备来应对的问题。

我更支持消极的想象——"如果……那么……"。"如果我们不做这些事情，那么可以肯定的是，我们将会被击败。"以及"如果我们确实采用了正确的策略，做好正确的准备，并且发挥出我们最佳水平，那么我们就有获得胜利的机会"。

"如果……那么……"模型是建立在情报上的。准确理解"如果"的涵义，即球队需要做或需要避免做的事情，是非常关键的。对于教练来说，他需要对自己说的最重要的一句话是：我不知道，但是我会搞清楚。

提问是学习的核心。在努力成为经理人的日常挑战中，每一个领袖都存在盲点，就像四分卫在被300磅的锋线球员追赶时也会出现盲点一样。对于教练而言，努力找到你可能遗漏的点是非常关键的，比如说，那些你回顾的比赛录像无法告诉你的事情。

作为一个领袖，一名教练不能怯于向自己或其他人承认"我不知道"。积极的家伙更倾向于说"我对这个很有把握"，或者"这个就应该是这样的"。而掌握赢球的最大机会的谨慎的人，则总是这样说："我不确定，我不知道。"了解自己并不知道哪些事情是人生当中最重要的教训之一。这就是在你身边还有助理教练或者可信任的同事的原因，他们可以帮你发现这些问题。

我很欣赏记者们所推崇的一则信条：

我有六个忠实的仆人，
是他们教会了我所知道的一切。
他们的名字是：
什么，哪里，何时，
怎样，为何以及谁。

世间的事情，不会总是同时存在完全正确和完全错误的方式，但是通常会有一个更好的方式，一个成功率更高的方式。积极思维者通常会感觉自己的方式是正确的，只要他自己相信，就不会出现任何差错。而负向思维者并不相信，他会保持高度谨慎来阻止错误的事情发生。如此一来，事情最终能够正确发展的几率就高得多了。

拉迪亚德·吉普林：第一批"如果……那么"的成员？

我认为拉迪亚德·吉普林是"如果……那么……"模型的使用者，他的经典诗作《如果》包含了非常深刻的思想——"那么"这个词被省略了，是，但是这个词还是很清楚地暗含在其中了。

我最喜欢的片段有：

如果你能在别人失去理智、对你横加指责的时候，保持
清醒的头脑；

如果你能在所有人都怀疑你的时候，仍然相信自己，

并能体谅别人对你的怀疑；

如果你充满梦想，但绝不做梦想的奴仆；

如果你勤于思考，却不把思想当做目标；

如果你能在遇到胜利和困难时，保持同样平静的态度；

⋯⋯⋯⋯

如果你能在运气不佳、身心俱疲之时，仍能全力以赴抓
住机遇，

在一无所有只剩意志支撑的时刻，咬牙坚持到底。

如果你能把宝贵的每一分钟都化作六十秒的奋斗，

那么，你便拥有了整个世界，

而更重要的是，孩子，你成为了一个真正的男子汉。

哇哦！

吉普林本来可以成为一位很棒的教练的！

我所见过的最出色的

在棒球领域，我倾向于认为约翰尼·本奇是有史以来最伟大的

接球手。我认为迈克尔·乔丹是史上最伟大的篮球运动员。我认为泰德·威廉姆斯是最伟大的、最纯粹的击球手。但是，就像所有人一样，我会认为史上最佳的运动员是我所见过的最佳运动员。每当在报纸上或者在手机上谈论一名游击手的一次表现——比如说路易斯·阿帕里西奥，或者是威利·梅斯在1954年世界职业棒球大赛的那一记接杀——并坚定地认为这一球是史上最佳云云时，我会摇摇我的头，想："孩子，那是你从来没看过这一球，这一球……还有这一球。"

人类肯定已经经历了很长时间这种状况，因为一位名为卢克莱修的古罗马诗人如是写道：

> 一条相当大的溪流，对于那些
>
> 从来没有看到更大的溪流的人而言，是巨大的；于树，
>
> 于人，皆是如此。
>
> 在每一个领域，每个人都认为
>
> 出现在他眼前的巨大物体，就是最大的。

出现在他眼前。在你我或者我们当中最年长、最聪明的人出生之前，都曾经有人类完成了了不起的事情。卢克莱修的箴言应当张贴在每一个广播台或者记者席上，以警世人。

"运动智商（Sports Intelligence）"并非唾手可得

我从来不会理所当然地认为，我们球队最好的球员能够依靠自

己便成长为一个出色的思考者。这也可能是出色的球员很少是出色的教练的原因：因为他们会认为，他们出于本能所做的事情，其他人——聪明的篮球运动员——也会出于本能做到。但现实不会总是如此。

我从一个消极的视角进行执教，即便是新入队的最出色的球员的第一次训练课也是如此：好吧，这些孩子具有不错的运动技能，并且大致知道如何打比赛——虽然他们在进攻端通常能够达到大学水准，但是出于对犯满离场的担心，他们过去的教练并没有要求他们进行足够的防守练习。

我发现队里的一个孩子，他是一个很棒的得分手，但是他大概不具备成为一个出色的防守球员的本能。提升一名球员防守能力的一大方法就是，当球员取得进步时就告诉他们。当你的队员向你展示出他们在比赛的某一阶段确实很努力地去提升他们的防守技巧时，那就是你需要去鼓励他们的时候了，让他们知道他们的努力被注意到了。这也是关于领导力的另一条准则：既批评偷懒的行为，也表扬出色的表现。

另外一件使大学教练感到头疼的事情是，那些来自顶尖高中并进入精英大学的球员通常使他们的球队实力过于强大，导致在一些关键的比赛时刻球队无法凝聚在一起。我感觉我的职责在于教会他们去思考——去研究场上的情况并正确地做出反应。

在招募球员的过程中，我确实还将球员的一般智力水平纳入到考虑因素当中——我总是和一群聪明的孩子共事。但是在大学中，他们需要提高一个级别。我希望他们意识到——去理解——他们需要学习很多内容，并且要按照我希望的方式去做事情。坦白地讲，只有一种正确的做事方式——我的方式。我们必须要本能地按照能够使我们获胜的方式去做事，要消除偷懒或冒险的行为，这些行为可能会在势均力敌的比赛中使我们输球。

如果你是一位领导，无论是在篮球场上还是在办公室中，你都需要反复阅读上一段话。在商界，我知道有许多高管会避免招聘那些来自商学院的所谓"精英"，因为他们在离开校园的时候，会认为他们已经接受了充分的训练并做好准备出任CEO了。就我个人而言，我更倾向于招募那些来自更加不知名的学校的孩子，他们在那里经历了一些挫折并准备好撸起袖子大干一番，学着将那些坏毛病改掉。来自贫穷家庭的运动员可能会回想起他们的父母，后者每天早晚做两份工作才能保证整个家庭吃得上饭。这些孩子专注于篮球，知道篮球可能在日后成为通向成功的车票。

我希望能够让我们的球员打得更好，因为比起对手，他们"思考"得更好，所做出的反应也更好。我也想并让他们为比赛的关键时刻拥有这种优势而感到自豪。

如果你作为球队的主教练，能够指导球员在压力下思考并对球场变化做出反应，那么你就不需要其他球队那样的天赋。让我们回到积极-消极的话题。

在这种情况下，我再一次采取了消极的方法。

我不能接受球员初来乍到时的那副德性。积极的教练会说："我得到了很出色的球员，我们会打得不错的，而我需要做的就是不要搞砸这一切。"我从不这样想。我会想："好吧，我们有足够的天赋成为优秀的队伍。"但是，在很久以前，我从执教工作中总结出了一句话："精神层面的重要性是身体层面的四倍。如果我能够教会我的球员如何赢得精神层面的比赛，那么我们将获得赢球的最好机会。"

球队不会自动地在每个夜晚都打出聪明的比赛。几个赛季以前，布伦特·穆斯伯格和我一同在ESPN[①]解说堪萨斯大学和贝勒大学这两支备受瞩目的球队的比赛。在比赛上半场，布伦特说："教练，你是一个热衷棒球的粉丝。你还记得凯西·施坦格尔曾经说过'这里没有人能打这场比赛吗'这句话吗？"说得不错。比赛接近尾声时，在一系列糟糕的回合后，我说道："布伦特，今晚入睡之前，我会停下来并在心里向你道谢，为我曾经拥有的那些非常聪明的球员。"

不要停下来叫暂停

当我们的球员开始练习思考，我就会显露出对他们的信任。当比赛进入关键时刻，我通常会让球员自己去完成比赛，而不会叫暂停。

一个朋友曾经对我说："当你去了天堂，圣彼得要和你说的第一件事就是你浪费了那么多的暂停机会。"在这个问题上，我们在全世界范

---

① ESPN, Entertainment and Sports Programming Network, 即娱乐与体育节目电视网，是一家24小时专门播放体育节目的美国有线电视联播网，最初ESPN也播放娱乐节目，后来全力发展体育节目。

围内都是很突出的。

但那也不完全是信任球员的行为。通常，我这样做的意图更具有指导意义。随着赛季进行，我希望我的球员——从个体层面和球队层面——能形成独自思考并应对场上胶着局势的能力。

当对方球队打出一波高潮时，另一位我喜欢并十分尊重的解说员——迪克·维塔莱在这个时候就会高喊："需要叫个暂停了，哔——"我们通常不会这样做。一般来讲，我们不这样做的原因是：教会我们的队员去思考——深入到我们从第一天开始就在训练场上所强调的内容——并且采用那些消极的暗示，也就是"如果我们不（if we don't）"原则。如果我们没有很快得到改善，那么我就会叫一个暂停。而且我还会告诉圣彼得，从长远来看，我认为我的执教哲学能够比他的要赢下更多比赛。（我知道有些人会讽刺我，圣彼得和我在一起的唯一机会就是他从冥河划着船来找我。）

我不急于请求暂停的理论也会有例外的时刻，那就是在锦标赛阶段。NCAA的"疯狂三月"实行单场淘汰制，因此你必须持续赢球以进入下一轮比赛。在这一阶段，没有什么能够比一场锦标赛的失利更具有决定性的了。我总是试图让所有锦标赛阶段的准备工作尽量和往常一样，但是如果局势开始失控，那么迅速请求暂停就很有必要了。不过总体而言，我的理论是：如果你在练习阶段将你的要点说得很清楚了，那么你就不需要通过暂停来强调它们。更重要的是：不要试图在比赛局势很好的情况下做出什么"绝妙的"改变。

布置绝杀的暂停

一个更加重要也更能体现我对于球员一直以来的信任的标志是：他们知道在比赛胶着的最后几秒钟时，我不会要求他们做其他人都会要求的事情——请求一次暂停，仔细叮嘱我们希望怎么做并安排一个战术……

不！如果你在刹那间获得了球权，而比赛还在进行，并且我们必须要打进一个球，那么你就应该提前知道我们要干什么：如果你还有时间，带动我们的进攻并创造出你能获得的最好的投篮机会。如果你有快攻的机会，立刻推进到前场并利用场上的局势。不要叫停比赛，导致对手获得布置防守的机会。你有球权，你的球队拥有集体智慧，每个人都处于攻防转换的状态——放手去进攻！

这个信条帮助我们赢下了许多比赛，包括一场总决赛。而这也让我赢得了我一直以来都非常珍惜的赞美，因为我是如此地尊重发出这番赞美的那个人。在1987年对阵锡拉丘兹队的总决赛上，我们抢下防守篮板并在没有请求暂停的情况下直接打入绝杀球。在这以后，伟大的体育电视解说员科特·高迪与我握手并说道："你是我认识的唯一一位在总决赛上还会这样做的教练。"

有勇气是一回事，但我也拥有一群真的非常聪明的球员。当场上局势糟糕的时候，我相信他们会做出正确的事情，因为他们就是这样被指导的。

在比赛中做出重要改变的时刻应该是在半场休息阶段。积极思维者依靠的是"不要慌"哲学——"没事，这场比赛我们还有20分钟"。嘿，比赛到目前为止都不是很好，除非我们做出一些改变，否则这场比赛大概也不会好起来。调整、改变你一开始的打算的能力是至关重要的。坚持那些并不起作用的事物，负向思维者是根本不会这样做的。知道什么时候走开，知道什么时候跑开，嗨，暂停，我们要来改变一下比赛计划，换一下人。然后便是扭转乾坤。调整，是另一个非常宝贵的关于领导力的词语。

不断深耕，获得回报

如果你要面对一支相当出色的队伍，甚至是一支更加具有天赋的队伍——对商业而言，则是一个更大、更知名、获利能力更强的公司——你的计划中最好有一些不太一样的东西。苹果公司的史蒂夫·乔布斯就是一个很典型的例子，他当初做领导的时候没有掌握对手微软公司的资源，但是他在付出了惨痛的代价（被开除）后了解到这一点，而再次回归时的理念则大获成功。

一个非常重要的消极步骤是，放弃大量苹果公司当时正在生产的产品型号，转而专注于更加时尚的、更小众的产品，这些产品更加易于推广和销售。他是一个完美主义者，非常了解挖掘更深的水井的道理。他还认为，通过控制制造过程的所有方面——而不是将产品的制造转给其他制造商——你就可以消除瑕疵品与故障品，而这些对软件设计而言可谓是诅咒一样的存在。

我知道我说过仅仅有欲望是无法赢下比赛的,但它是一种无价的财产。胶着比赛的最后几分钟,这时每个动作都可能改变场上的一切,而你的队伍打得非常努力,在场上不顾一切,只想着将球打进。在美国,所有教练都经历过,看着一双双疲惫的眼睛,对他们说道:"现在是时候打得更加深入并竭尽所能且不犯任何错误。"把井挖得深一点儿,孩子们。我曾经执教过一支队伍,我都数不过来那些出色的孩子有多少次做到了我所提出的要求。

自负的危险

我不怀疑正向思者和负向思维者都拥有很强的取胜意愿。他们都渴望胜利。

但是,拥有强烈求胜意愿的正向思维者倾向于在脑中赋予求胜决心过于重要的角色。然而,决心所起到的作用不如准备来得更加重要。

"自信"并不是我喜欢的词语。太多时候,自信其实是在你真正了解眼下情况前所产生的幻觉。小巨角河战役①其实是存在于历史中的幻觉。

---

① Battle of Little Big Horn,又译作"小比格霍战役",发生在1876年6月29日美国蒙大拿州小比格霍河附近,由当时北美原住民民族——苏族首领疯马率领的印第安人军队歼灭了卡斯特率领的美国史上最有名的美国第一骑兵师第七骑兵团。

　　负向思维者更能够利用人们的弱点，因为正向思维者对于自己所不了解或做不到的事物抱有幻觉。抱有正向思维的篮球运动员深信自己可以在两个防守者之间传出精确的传球，或者认为"我已经投丢了3次投篮了，这回该进了！"。还有一句老掉牙的说法："都会好起来的。"凭什么？

　　正向思维会导致人们相信，只要他们设想自己能够做好，没有事情是他们做不好的。迈克尔·菲尔普斯和马克·施皮茨——当我在印第安纳大学出道时，他们已经是非常出色的游泳运动员——他们可以认为自己游得比别人都快，因为他们都是游泳界史上最有天赋的一批选手。而对于我们而言，很少人有能力完成他们的所有职责或者抱负。了解自己的缺点使许多人都向着成功迈出了一大步。

　　保持不安具有无形的好处。能够进行自我分析和自我批判是非常重要的。如果你愿意去提问并就你需要提高的领域去咨询他人，那么你将会实现惊人的成就。意识到自己的短处会让你有所警醒。这很好笑，但是那些积极的家伙确实会在事前认为自己掌握了所有的答案，因为他们拥有天赋——"假日快捷酒店"类的家伙，他们曾经目睹一些事情被很轻松地做到了，所以轮到自己则不会有任何问题。还有另一个不要做的事情：不要犹豫，从这种家伙的手中夺取胜利的果实。

了解你自己

　　知道极限在哪里——包括你的球员和你自己的——是克服这些极

限的第一步。我曾经听说过一个人，他在自己八十多岁的时候达成了我非常欣赏的一种艺术——飞蝇钓。自此以后，他都没有放下这个技艺。虽然年纪大了，但他还是可以跋涉到溪流之处，手腕一抖，将吊钩准确地抛投到他想要的位置，他的优雅与闲适不断地让年轻的围观者赞叹，这位老人年轻时该是多么出色的运动员。

有一次，他正站在岸上准备抛投钓钩，突然听到附近有一个声音说道："把我捡起来。"他的听力不像钓鱼技术一样好了，所以他在环顾四周发现并没有人后，就继续钓鱼了。而这时，他又听到了那个声音："我说了把我捡起来。我就在下面，在你的脚边。"他低头，看到一只巨大的青蛙。

"把我捡起来，吻我，然后我会变成你见过的最美丽的女人。在你接下来的人生，你将会享受其他男人从未享受过的快乐，你将会……"

他捡起青蛙，看了它一眼，就把它装在钓鱼夹克的口袋里了。

"喂！"青蛙叫道，"你没听见我说什么吗？我说了吻我，然后我会变成美丽的女人，在接下来的人生中你将享受其他男人从来都不知道的快乐。"

老人重新开始钓鱼。

青蛙又开始叫了："你听没听见我说的话？！我说了，吻我，然后……"

他的手臂又完成了一次完美的抛投。他没有看这只青蛙，打断道："可能是吧……但在我这个年纪，我更想有一只会说话的青蛙陪我。"

奈特的箴言

我根本不在乎天气预报员说了什么，我觉得今天根本不会下雨。

比起肺炎，雨伞可没那么贵。

你不能总是相信这个油表。我知道咱们有足够的油开车回家。

当他在下雪天步行两英里找一个加油站时提醒他自己曾说过什么。

别担心，爸爸。这考试很简单的。

儿子，有个更好的主意：去学习。

第三章

消极主义的局限性

　　领导——无论是在篮球队、商界还是其他什么行业——必须为队员设定一个很高的标准，但是也要能够随时注意到他人出色的表现——个体在生理以及精神层面的能力范围之内所完成的出色的表现。

　　教练或领导必须意识到，他的队员和团队永远都做不好那些因生理层面的限制所做不到的事情。作为球员或者团队，他们可以提高自己，但是几乎总会有一些生理层面甚至精神层面的极限是他们永远无法超越的，尽管他们抱有极大的决心与意志力去突破极限。

　　而作为一名球员，你要意识到自己擅长什么，自己能做什么，并且尽你所能将此做好。但是，同时还要认识到目前自己不能做好哪些，不过凭借努力尚可做到。并且，和其他任何事情一样重要的是：认识到自己无论如何也不能做的事，不管是现在还是将来。即便集合全世界所有的意志力都不会让一个水平一般的跳高运动员跳过2.1米。作为一名领导，你必须帮助人们意识并理解这一点——当然，首先你自己要明白这一点。

　　接下来，我的观点可能会让你感到吃惊。尽管有这么多关于消极的有力论证，但是一名教练或者其他类型的领导永远都不可以忽视保持积极的机会。

　　我就是一个例子。我的妻子——凯伦——对我而言是运作篮球的最佳人选，因为她对篮球比赛具有出色的理解力，不逊于我认识的来自任何一个运动领域的任何人。她一直不断地提醒我的一件事情是：避免变得过于消极——按照正确的、最佳的方式执教、做事，但是不要让孩子们放弃表现出他们最好的状态。而领袖——在这个例子中便是我——应该总是在他们正确地做事时立刻表扬他们。

　　与他人一起工作时至关重要的一点是，看到并强调他或她竭尽全力做某事时对方是多么优秀。"当由你来做这件事时，你对于我们团队而言是无价的；但是，当你开始放弃做你非常擅长的事情时，对于团队而言，你渐渐变成了负担而不是财富。"非常擅长某件事情而不擅长另外一件事情并不是耻辱。

　　认识并排除那些自己做不到的事情，这就是负向思考的力量。

　　我忍不住感到本书题目的缩写很好笑：*Power of Negative Thinking*（负向思考力）—— PONT。在印第安纳大学，我同约翰·庞特（Pont）共事了三年，他是一名橄榄球教练，我这辈子从没有遇到比他更加乐观的乐观主义者了——他是个很棒的家伙，与他一起共事的感觉很好，当我初到印第安纳大学时，他将我介绍给一些朋友，他们日后都成为非常宝贵的伙伴。但是，好家伙，他真是个乐观主义者!

　　正是因为有约翰这样的人，所以我不希望这本书对乐观主义者本身宣战。约翰于2008年去世，享年80岁，我非常爱这个家伙。如果他不曾是那样的乐观主义者，我们也就不会相遇，因为对于像印第安纳这样的学校，如果在这所学校中，没有人能够在所有证据表明不可能的前提下依然从中看到希望，那么它也就不会拥有橄榄球教练了。

约翰的乐观主义在一段时间内确实卓有成效。1967年是约翰在印第安纳大学的第三个年头，他在前两个赛季分别取得了2胜8负、1胜8负1平的战绩。他在这一年组建了一支队伍，曾经被埋没的三年级防守组球员以及二年级的进攻组球员的状态都非常振奋人心，这群充满激情的孩子坐上了球队头牌的位置，而且他们未曾习惯于输球。这支球队不断地以1分、2分、3分或者4分的优势赢下比赛，在赛季之初一口气打出了8连胜的成绩，凭借着一股拼劲儿——通常在比赛结束前最后几秒钟——拿到足够的分数，而几乎无人注意到的防守能力使他们获得了胜利。他们从一支鱼腩球队①一跃成为联赛前十的球队，并且在这个赛季还击败了死对头之一——普渡大学。在印第安纳波利斯小马队的历史上，只有过这么一次如此出色的成绩。

在帕萨迪纳市，也就是玫瑰碗的主场，PONT的理念——负向思维的力量——发挥了作用，而利用这一理念的人是约翰这样一位乐观主义者。

通常来说，当约翰及其球队抵达主办城市并进行为期一周的赛前准备时，他都会成为西海岸媒体的宠儿。在一场媒体见面会上，有媒体工作人员问约翰，在印第安纳大学橄榄球历史的灰暗背景

---

① 指水平相对较低、比赛失利可能性较大的球队。

下，他是如何将那些年轻的进攻球员招募至像印第安纳大学这样的球队的。

"我把实情告诉了他们。"约翰回答道，"'是的，你们可以加入别的球队并赢球。但是如果你们加入我们的球队并赢球的话，你们将会被写进历史当中。你们将会是这个球队永远的英雄——你们的名字将会和印第安纳的成就联系在一起。'"

"但是，约翰，"一位媒体工作人员说道，"从本质上来讲，你说的就是'加入我们吧，因为我们还没有赢过球'。你怎么能希望其他人能够接受如此消极的事情呢？"

约翰给出了绝妙的、经典的回答："还有人每天都卖保险呢。"

停下来思考一下。这就是保险的本质：能够意识到，尽管我们所有人都对我们自己以及周围的事物感到很乐观，但事实是就是会有意外发生，所以我们最好做好准备。

约翰就促使"意外"发生了。

而他为将这些球员招募到布卢明顿所说的话都完全属实。在大十联盟①其他地区聊起玫瑰碗②，你都必须说得更加明确一些——你指哪

---

① 大十联盟（Big Ten Conference，又译"十大联盟"），创立于1896年，是以体育为中心的美国大学联盟。其宗旨里更好地加强校际间体育交流及管理，目前该联盟由1所私立大学和13所公立大学组成，其成员不论是在体育方面还是在教育方面都是美国的一流院校。大十联盟是美国第一级别的体育联盟，参与NCAA赛事，并在内部开展橄榄球、足球、排球等比赛，其中以橄榄球最为出名。

② 玫瑰碗（Rose Bowl Game）是年度性的NCAA美国大学橄榄球比赛。

一年？哪支球队？但是在布卢明顿市，玫瑰碗指的就是那一年的那一
支球队：狂野而又古怪的1967年。（没错，这里就可以加句号了。）
而所有效力于当时那支球队的球员，是印第安纳大学橄榄球史上的
英雄。

"PONT"这个缩写和这个小故事相得益彰，也就不算是个很糟糕
的缩写了。

用一句话概括"PONT"

我还非常欣赏出自罗纳德·里根的一句话，那位具有标志性笑容
的总统先生——这位和蔼的伙伴被誉为"伟大的沟通者"。他在外交谈
判领域中提出了一句格言："信任，并予以核实。"

这便是我所阐述的负向思维的力量。

凡是赌博，胜算都不大

赛马场上的乐观主义在现实世界中也能找到踪影。冒大险图大
利便是一个典型的例子，包括押注在赛马或者股票上。是，有些人赌
对了，赚得盆满钵满。但是，这种情况并不常有。有一个理由可以解
释这种不大的胜算。在大部分次数中——绝大多次，像是51次中的50
次，也就是50比1的概率——如果无视巨大的概率进行押注或者投资，
无异于拿着钱打水漂了。

在这以后你所听到的建议不仅仅出现在赛马场上："在下一场押注

双倍的钱，这样就可以把赔的钱赚回来了。"这种说法几乎等同于让你最终挖一个双倍于之前的坑。（我更欣赏这句谚语："当你已经在坑里时，就别再挖坑了。"）

我要分享来自一位老教练的格言，因为用在这里非常贴切："烂球通常会紧跟着又一个烂球。"

重复的愚蠢投资是双倍愚蠢的投资行为。对于你身边的赌博经纪人或者股票经纪人，一定要记住：他们靠交易谋生，无论最后的赌博结果如何——这就是关于赌博的现实。而赌博的人是你自己，庄家并没有参与赌博，你赌得越多，他们就赚得越多。

赌博的几率问题甚至存在于生活的最细微之处。想想那些天主教的宾果游戏，不就是为那些新教徒赌钱发财所设计的游戏吗？或者是为教区居民设计的？

P・T・巴纳姆曾说过："每隔一分钟就会有一个傻瓜出生。"这句话应该用作词典对"赌博"一词的释义。

赌博——这个词以及这种行为——是遭到大学篮球的强烈抵制的。大学篮球史上最大的丑闻——如今的"打一年就走"现象出现以前最大的丑闻，当然后者是另外一个话题了——发生在我的少年时期：20世纪50年代初期发生在纽约的操控比分丑闻后来发酵为涉及全国数个大型大学篮球赛事的事件。

1951年，我还是个五年级的学生。当时，我的父亲已经多次同我强调，我必须远离赌博——永远。我从没有忘记父亲的教诲，因为他在这个问题上是那么的坚定，并且随着我对篮球的热情日益增长，我意识到"赌博"这个词在整个大学联赛当中具有多么严重的恶劣影响。后来，我成为了教练员，并带着西点军校的球队来到纽约这个大都市。

我遇见了克莱尔·比，他所拥有的关于执教的智慧成为我一生的宝贵财富，而我们二人也情同父子。他所执教的长岛大学队中，有几名球员涉嫌参与了20世纪50年代初的那起丑闻——比教练本人以及其他任何教练组成员都未牵扯其中，但所有那些涉事球员的教练员们都感到非常惊讶，无法相信那样的事情会发生在自己的球队当中。

尽管主教练会非常仔细地观察在赛场上发生的一切，尽管那些教练组成员也非常优秀，但是他们没能发现球员操控比分的行为——主要是因为他们想象不到这件事情会发生，他们将场上出现的错误归结为球员偶然会犯下的愚蠢错误，甚至认为最优秀的球员也会做出一些疯狂的事情……但却不知道他们是有意为之。

克莱尔·比和乔·拉普奇克曾担任纽约大学的教练员，我在西点军校执教期间非常敬仰这二位。在发生那起丑闻时，拉普奇克正执教纽约尼克斯队，在尼克斯队之前和之后他也执教过圣约翰大学，因此他非常了解大学篮球的情况。当丑闻爆发时，他甚至都走不稳路了。在20世纪60年代的退休时光，拉普奇克一直留着一个剪贴簿，上面贴着一系列新闻剪报。他形成了一项惯例：每一年他都会拿出这个剪贴簿给他的球员们看，警告他们，他们美好的篮球生涯是多么容易毁于一旦。

1970年，拉普奇克逝世了。他的妻子将那本剪贴簿交给了我，因为她认为拉普奇克生前很看重我。对我来说，这是关于拉普奇克教练最宝贵的记忆，因为我很清楚这个剪贴簿对他来说意味着什么。

这些都强化了我对于赌博的态度。在我成长的过程中，这也是一个很好地印证了"上帝确实是全知的"的例子。

一位真正的赢球专家

大学篮球时代更迭频繁，但是有那么一个人，他的名气没那么大，却能长久以来被人们铭记，并且对篮球比赛产生了深远的影响。而这一切并不是由一位教练做到的，是由当代球星比尔·拉塞尔做到的。

最初，比尔只是一个高大的篮球选手，他的投射技术并不好，并且在三年级的时候被奥克兰的麦克利蒙兹高中球队裁退。然而在旧金山大学，他带领的球队获得了1955年NCAA总冠军，并且在1955-1956赛季成为NCAA历史上首支保持赛季不败战绩的冠军球队。在这过程中，他为篮球这项运动带来了精湛的盖帽艺术——不单单是失控地冲向投篮球员，并且非常迅速并准确地对对方的出手做出反应，从而在比赛不间断的前提下重新获得球权并发起进攻。在比尔·拉塞尔以前，统计数据中甚至都没有盖帽这一项；在他出现以前，没有任何个人或球队记录这项技术。

他的身高、力量以及对时机的判断使他成为有史以来最出色的防守篮板手之一，并且引领了一传技术的发展，即在抢到篮板球以后快速发起快攻。

不仅如此，他在比赛过程中非常强调且只强调赢球，从不关心得分或者技术统计。他在旧金山大学获得了两次NCAA总冠军，在1956年奥运会获得金牌，并且在NBA获得了11次总冠军。在这一点上，他超越了其他所有从事团体运动的运动员。在波士顿凯尔特人队结束了十三年的NBA生涯后，比尔·拉塞尔所效力过的球队在十五年间获得了14个总冠军头衔。而这一创举是由一个投射能力并不好的家伙在一个崇尚投手的体育项目中所完成的——他真的是一位非常非常伟大的球员，尽管他不是一个出色的投手。

连赢球都暗含危机

尽管我的执教理念专注于赢球，但我也清楚，这样的目标本身也带有风险。实际上，成功可能是每一位教练或者领导所必须解决的最大问题之一。

2011年4月，《哈佛商业评论》当月的内容专注于"失败"这一话题——显然，这是成功的对立面。这一期的杂志的一篇文章题为"为何领导都不从成功吸取教训"，作者是弗朗西斯卡·吉诺和加里·P·皮萨诺，他们在文章中应用类似塔利·沙罗特的《乐观的偏见》的观点。他们认为成功之所以可能产生长期的消极结果的一大重要原因是所谓的"自负的偏见"：

> 成功会增加我们的自信。诚然，相信自己是一件好事，
> 但是过度相信自己会导致我们认为我们不需要任何改变。

在这篇文章中，吉诺和皮萨诺列出成功可能带给企业的三种障碍，并将"自负的偏见"列作第二位。

第一种障碍是人们倾向于犯下心理学家所谓的"基本归因错误"。当我们获得成功，我们倾向于认为，我们的天赋以及现行的模式或策略是成功的原因。我们往往忽视一些……随机的事件可能也发挥了作用。

以及：

第三种障碍是"无法问'为什么'综合征"——即不会系统地探究促成良好表现的原因所在。当主管们以及他们的团队具有这种障碍时，他们不会提出很尖锐的质疑，而这种质疑能够帮助拓展他们的认知或者调整他们对于现实情况的设想。

我们几乎总是在努力思考我们为什么输球或者失败。教练很少思考他们为什么赢球，但这一点是同样重要的，是同样具有意义的问题。

为什么？还用我多说吗？

担忧的益处

另一本杂志——*Bottom Line/Personal*——在2011年8月15日发布的内容中，重新阐述了哪些因素能够促进终生健康。这一期的封面标题是："担忧使你活得更久"。

作者霍华德·S·弗里德曼博士——来自加州大学河滨分校的知名教授以"一项长达八十年之久、跟踪调查了1，528名美国人从早期儿童阶段到死亡的发展的开创性研究"为例，指出：

> 针对长寿所提出的大部分建议——比如保持平和的心态并且不要过度工作——都是错误的……研究表明，那些保持规划和担忧状态的人群更加健康，寿命也更长——那种努力工作的状态以及与之相伴的压力实际上对你是有好处的。
>
> 真正能够延长生命的是：认真。
>
> 那些在乎细节、负责并且有条理的人群的寿命更长一些……认真的人在个人习惯上要更加谨慎……
>
> 开朗的人比用消极的视角看待世界的人活得更久、更健康这一观点其实是错误的。在本项研究中，被父母描述为异常开朗、无忧无虑的人比那些乐观程度更低的人死得更早。

你将这种行为命名为"忧虑",而我将其定义为"考虑"。你认为这种行为很认真,我则认为是谨慎。你说"那些极端乐观的人可能觉得自己是如此的战无不胜,因此缺乏合理的警惕",我会说:你说得对。

贯穿于我执教生涯的哲学得到了完美的阐释。在打比赛的时候(或者是在一场考试、一次挑战中)能够完全记住这一点的家伙通常在面对危机的情况下忘得一干二净。

换言之:

担忧比自负输掉的比赛要少得多。

成功不需要多余的奖励

我们所有人都是冒着各种风险来做到成功,希望此时能够有人拍拍我们的后背,因为我们很好地完成了我们的工作。

让我们停下来思考一下这个问题:难道我们不应该将工作做好、尽你全力做好你的工作吗?

我从来不会因为赢下锦标赛或者分区赛的冠军就提出升职的要求,而且我也明白即便我们没有拿到冠军他们也不会夺走任何东西。

我在很久以前就意识到自己的想法是与他人不同的。当我得知一位大学橄榄球教练要求超过60万美元的薪水时,我感到十分震惊。并且,如果他能够在赛季中赢下9场比赛,他还会获得额外的1.6万美元的奖金。我就在想,那他领那60万美元的薪水是为什么呢?

给这样级别的合同再多加一个0，也就是十倍的薪水，也不是什么新鲜的事情。每年600万美元，这已经超过500万美元的级别了。而且，我敢打赌这些高得离谱的500万美元级别的合同还会附带冠军条件下的奖金条款。

我还会重复这一问题：那他们领到巨额的基本工资到底是为什么呢？

我甚至都不会接受这类合同（而这类合同现在已经很普遍了），即如果教练的招募能力名列联赛前茅，或者特定比例的球员从他的球队毕业的话，他将会得到额外的几千美元的奖金。

当第一种情况（那些所谓的专家如何评价你的招募工作）以及第二种情况（教育你的球员并使他们毕业）不再成为主教练的工作责任并且也不再是任何其他人的工作责任时，我知道我执教的时间是真的太久了。

总之，我想说的是，我们要做的就是完成自己的工作，并且不要期待有人拍拍你的后背表示鼓励。

我总是告诉我的球员："别期待我拍你们的屁股，你们还是担心我会不会踹你们的屁股吧。如果你们打得足够努力、聪明，好事自然会降临。你们拿奖金可不是来这儿输球的。我招募你们也不是为了输球的。输球不是正常的事情，输球不是常有的事情，输球不是可以接受的事情。我们在这儿不是为了输球的。我们要倾尽所有，尽可能打得努力、聪明——这才是我们在这儿的意义。赢球源自这些因素，赢球才是可以接受的。"

我对此深信不疑。

奈特的箴言

前面的警示灯亮了很长时间。

> 亮得没有部队的灯时间长。

真是个可爱的小狗。

> 那你告诉我，"狗牙"是什么意思？

前面有一家汽车旅馆，什么时候去都会有空房。

> 你需要知道的一个词是：预约。

要有信心，你会没事的。

> 还是找个好点的医生吧。

第四章

历史上的消极主义：
从《圣经》说起

我不会大胆到将上帝也列入负向思维的阵营当中。不过，你有没有注意到上帝所给出的十条诫命中，有七条是以"不可"作为开头的？"不可杀人""不可偷盗""不可奸淫""不可贪心"……它们都是以"不可"开头的。

另外三条不是以"不可"开头的诫命中，其实也暗含着同样的结构。

抛开《圣经》，家长最开始教我们的也是不要做哪些事情。

不要不环顾左右就过马路。

不要不刷牙就上床睡觉。

不要不拉你的拉链。

不要错过校车。

不要给你的老师找麻烦，否则到家你会面对双倍的麻烦。

你也不要在晚年的时候工作。找到好工作的第一步，是消除那些你不被雇佣的理由。如果你不超速开车，你的每英里耗油量就会更低——还可以避免交罚款。还有，回想一下，在人们开始养成吸烟的坏习惯以前，如果有人决定对他们说"不!"，那么将有多少生命得到挽救。

"不可"亦适用于形成领导力

对于志在成为领袖的人，我在这里献上我自创的十条诫命：

I. 不要满足于现状。当他人感到满足时，继续寻求更好的机会。

II. 保持质疑——最好的质疑形式是："凭什么?"

III. 保持忧虑。如果你想不到能够为之忧虑的事情，那就担忧自己是否过于自信。

IV. 寻找提升自己或改掉坏习惯的机会。鉴于罹患癌症的风险，不要过量饮酒，不要吸烟。

V. 不要在无证可循的前提下行动，或者在未进行全面的调研的前提下购物。在进行应聘面试前，消除所有潜在的无法被聘用的理由。

VI. 保持怀疑即不信任态度。对于每一条理论都要去寻找支撑它的依据。去证实它，就像里根总统所说的那样。

VII. 使你的队员或员工表现得更好——鼓励他们，挑战他们，甚至激发他们去行动，但是要和他们说清楚，"老样子"是不被接受的。当他们说"老板永不满足"时，请将此看作对你的恭维。（我有一次听到一名球员说："除非我们每一次出手都能投进并且打败每一支球队，否则他将永远都不会满足。"他并不是非常了解我。他们最好都是A+级别的学生，并且永远不会投丢任何一次投篮。）

VIII. 永远不要认为单凭天赋就可以决定结果，无论是一场比赛还是一次充满竞争的谈判。做好计划并且不断练习，以保证我方能够犯更少的错误。

IX.　永远不要说得太多。从"闭嘴学校"拿下一张文凭，并在你谈论你的竞争对手（不管是一支球队还是一个销售团队）时能够记得学校所教的内容。自我推销与沾沾自喜永远都不会占有一席之地，让你的产品或者表现来说话。我很反感教练员或者球员在重要比赛之前自吹自擂，这将刺激对手的发挥。

X.　永远不要停止思考新的主意。当他人提出或许可行的其他方案时，要对自己的想法进行自我批判。记住，你并不是轮子或者互联网的发明者。你要学习他人的智慧——向有经验的人听取意见，就像剧作家萧伯纳所说：

"一些人看到事物的现状并问道：'为什么是这样的？'我看到事物本来可以成为的样子并问道：'为什么不是那样的？'"

萧伯纳本可以成为一个非常出色的CEO的。

在我最喜欢的一个故事中，萧伯纳也扮演了一个非常重要的角色。当年，萧伯纳的一个话剧将在伦敦上演，他将两张首演的票送给了温斯顿·丘吉尔，邀请丘吉尔来观看演出，并说："可以带一位朋友来，如果您有的话。"丘吉尔感谢了萧伯纳，但表示他无法前往观看首场演出，并补充道："我会来看第二晚的演出，如果您的戏能演到第二场的话。"

历史上的首位教练

我在前文中提到过，在执教生涯早期，我偶然通过中国古代军事家孙子学习了军事方面的知识，并且阅读了他的《孙子兵法》。我很快意识到，孙子的很多实践思维——出现于公元前四百年之早——都很容易应用于执教工作当中。比如说：

> 古之善战者,先为不可胜,以待敌之可胜。

以及：

> 不可胜在己，可胜在敌。

《孙子兵法》蕴含着一条非常简单的哲理：找到使对方打败他们自己的方法。

补充：另一位早期的教练

在孙子之后短短的几百年后，出现了普布利柳斯·希拉斯，这位古罗马人是一系列至理名言的原创者，而这些至理名言在超过两千年后的今天依然很有价值。比如：

> 滚石不生苔。

而作为一名教练顾问，我更喜欢这一句：

原谅一次犯错，就是鼓励更多的犯错。

还有：

你不可能既匆忙又认真地做一件事情。
当风平浪静的时候，是个人都能掌舵。
有些治疗比疾病本身更加糟糕。
练习，是最好的导师。

最后一句说得比"熟能生巧"要好，因为后者假定练习本身是很好的。练习是最好的导师，前提是这个人知道他或她自己到底在练习过程中在干什么。只有当练习足够严格、明智并具有建设性，进步——尤其是向着完美的进步才能够得以实现，而制订练习计划的教练也要清楚，完全的完美是不可能真正实现的——但这永远都是前进的目标。

普布利柳斯·希拉斯下面这句话则不仅仅适用于执教工作：

我常常为我说得太多感到懊悔，而不是为我的沉默。

这是一个比"去'闭嘴学校'"更好的表达方式。
普布利柳斯的所有名言警句中，下面这一句可能是我最欣赏的：

糟糕的计划才不会允许任何修改。

每一次成功的努力都始自制订一个计划。但是，你要知道有些事情会产生一些问题。"调整（adjust）"是英语中最好的单词之一。不管某件事情是如何缜密地进行了考虑并进行了规划，一个出色的领导总是要做好准备并乐意做出调整。

在我早期在西点军校担任主教练时，我很快就意识到"篮球教练"这一头衔在西点军校并没有多少影响力。在军校时，我有时候会给军官打电话，接电话的军士或下士会问道："请问您是？"有那么一段时间我都会回答："我是鲍勃·奈特，篮球队主教练。"而每次我都会得到类似的回复："他现在无法接电话，请稍后再拨。"

有一天，我了解到当时西点军校共有450位现役将军，而且我想到"艾森豪威尔和麦克阿瑟也不可能知道所有人的名字"。我看到一本现役军人名册，浏览一番，然后自己想出了一个并不存在的名字。也就是说，我编出了第451号将军。

从那以后，我再打电话并在对方询问我的身份时，就会厉声说道："韦伯斯特将军。"然后我会听到："是，长官！"之后就会顺利接通电话了。

"调整"真的是一个至关重要的词语。

运用消极词语的成功演讲

我看到那些所谓的史上最出色的演讲，很多时候都是在消极地恳求或激励听众。

美国历史上最出色的演讲，诚然也是我最爱的演讲之一，可能是林肯的葛底斯堡演说，短短272个英语单词中包含了一系列的消极词语，但却是民主政府的积极原则的最有力的宣言。

> 但是，从更广泛的意义上来说，我们**不能**奉献、**不能**圣化、**不能**神化这块土地。这个世界不会提及，亦不会牢记……这些死者**不应当**白白牺牲……让这民有、民治、民享的政府，永世长存。

富兰克林·D·罗斯福在第一场就任演讲中以令人难忘且具有历史性的视角使用了两个带有消极色彩的词语阐释其积极的观点：

> 我们唯一需要恐惧的是恐惧本身。

约翰·F·肯尼迪的就任演讲中最广为传颂的一句话是：

> 别问国家能为你做什么，要问你能为国家做什么。

我们最尊敬的两位总统，乔治·华盛顿与德怀特·艾森豪威尔，并不是因为他们在任期间所作的演讲而被铭记，他们如今如此受人尊敬是因为他们在卸任时所作出的预言。关于他们的卸任，人们记忆最深刻的不是他们的欢呼声与他们对于这个国家所持有的乐观态度，而是他们所警告、警示的那些需要提防的危机。

具有先见之明的"国父"

乔治·华盛顿的卸任演讲——并不是真正意义上的演讲，是他在白宫办公的最后几天中向国会递交的一份长达6000字的文件——最重要的内容是，警告美国不要与国际上的联盟纠缠过多，而这样一份警示对于当时尚且年轻的国家而言是非常及时的，甚至在两百多年以后的今天变得更加重要。结合华盛顿的先见之明与我们自己的"后见之明"，我们现在如何看待越南、伊拉克以及阿富汗呢？他当时就与国外联盟纠缠过多而提出的消极建议，如今看来对我们的国家是一条非常积极的建议。

华盛顿还曾经就整个政党的问题发出过警告，他在今天民主党与共和党之间形成国会僵局的两百多年以前便看到了这一问题：

> 党派之间交替进行压制，彼此之间怀有报复的心态，自然会导致党派之间出现纷争……这本身就是一种可怕的独裁……它往往会干扰公众的注意力，并削弱行政管理的能力。它在民众中引起毫无根据的猜忌与莫须有的惊恐，挑拨党派之间出现对立，有时还引起骚动和叛乱……

在没有经历当今失控的大选开支的情况下，他就已经看到了眼下良好政府所面临的这些危机。仅仅就总统而言，还有什么能比为了总统预选而筹集并花费好几百万美元更加浪费的呢？所有的证据都表明，在当今社会，最出色的国家领导人的潜在人选对于参加长达数月的预选、筹集并花费好几百万美元、竭尽自己的金钱与精力、让自己的职业生涯任人剖析与诋毁根本毫无兴趣。然后，诞生于秋天的那位"幸运的"赢家通常已经受尽预选对手的抹黑，使敌对政党不得不提及参选代表所在政党的"朋友们"是如何评价他或她的。这见鬼的竞选系统，就是二百三十多年前我们的民主革命的产物。

我有两个建议，虽然不可能真的实现，但还是值得思考一下。第一，恢复"密谈室"制度来培养每个政党的候选人。第二，修改《宪法》，规定总统在结束六年的任期后不可以再度参选。如此一来，总统便不需要在前四年的任期内考虑在敌对政党努力"打击"他的情况下如何再度参选，就像华盛顿所警告的一样。

来自另一位将军总统的告别警告

接下来说说德怀特·艾森豪威尔。艾克（艾森豪威尔的小名）在1960年发表了卸任演说。作为美国最伟大的将军之一，他是第一位使用"军工联合体"一词来警告我们的国民政府无力控制军方与大型公司之间强力合作的现实。

> 危机仍然存在……我们总是能够感到一种挥之不去的诱惑，认为一些恢弘壮大的、不惜代价的行动能够奇迹般地解决我们所面对的所有问题……但是，每一项提案都必须经

过更全面的思考进行权衡，以在国家项目内部之间保持平衡……我们的汗水、资源以及生计全都牵涉在内，我们的社会结构也不例外。我们必须提防军工联合体取得无法证明是正当的影响力……只有我们的公民保持警惕并具有知识，我们才能够推动庞大的工业和军事的国防机构与我们和平的手段与目的妥善地结合。

请记住：这出自一名将军之口。我会说我们应当为由勇敢的战士所组成的军事力量感到骄傲，但是我们也应当以消极的视角来看待将我们的资源浪费于无谓的战争的问题，这些战争消耗了几十亿美元并为无数个生命与家庭带来了不幸。

不朽名句中的消极主义

在《独立宣言》中，我最欣赏的片段是：

我们认为这些真理是不言而喻的：人人生而平等，造物主赋予他们若干不可让与的权利，包括生存的权利、自由的权利和追求幸福的权利。

还有：

任何形式的政府一旦对这些目标的实现起到破坏作用

时，人民便有权改变或废除它，以建立一个新的政府。

没有忍受现状，也没有期待太阳会在明天升起。如果我们的体系已经破碎，我们便应当修补它。

是时候做出改变了。

莎士比亚最著名的片段，也可能是文学史上最著名的悼词，是马克·安东尼在朱丽叶思·恺撒的葬礼上所作的悼词。那是一段非常经典的讽刺文学，从一开始便发挥了消极的元素："我今天来，是为了安葬恺撒，而不是赞美他。"并且通过将叛徒布鲁特斯和卡西乌斯称作"正人君子"来表达对于他们的仇恨。这段独白也是对于我们轻易地失去集体的判断力并由那些"禽兽"做主的愤怒。这是对于怀疑主义与核实行为所唱的颂歌。

> 好事不出门，坏事传千里。
> 这句话好像说的就是恺撒。
> 正人君子布鲁特斯告诉你们
> 恺撒他野心勃勃。
> 如果事实确实如此，那自然是恺撒犯下了大错。
> 而且
> 恺撒已经死去，也算是补偿了自己的罪过。
> 今天，我得到了布鲁特斯以及他的同伴们的允许，
> 因为布鲁特斯是一位正人君子，
> 他的同伴们也都是正人君子，

　　我得以在恺撒的葬礼上说几句话。

　　他是我的朋友，对我是那么忠诚

　　而又公正。

　　但布鲁特斯却说他野心勃勃，

　　而布鲁特斯又是一位正人君子……

　　我不是要推翻

　　布鲁特斯所说的话。

　　但是，我在这里所说的是我自己所知道的事实。

　　你们过去都曾

　　爱戴他，而那并不是没有理由。

　　那么，是什么理由阻止你们现在哀悼

　　他？

　　唉，理性啊！你已经遁入野兽的心中，

　　而人们已经失去了他们的

　　理性。请原谅我，

　　我的心已经与恺撒的棺木同在，

　　而我，

　　必须停顿片刻，直到它回到我的身体当中。

　　从《圣经》、历史以及莎士比亚的著作当中我们可以看到，伟大的启示、教训、建议甚至伟大的领袖，常常都源自"消极的"或谨慎的观点。然而，它们都不是旨在提供消极的解决方案。恰恰相反，它们都是为了在拒绝糟糕的情绪或自私的欲望蒙蔽我们的判断能力的同时，形成躲避子弹、及时发现障碍、避免危机的勇气。

　　亚伯拉罕·林肯在这句话中引申了安东尼所发出的警告："你可以一直取悦一部分人或者取悦所有人一段时间，但是你不可能一直取悦所有的人。"这句话巧妙地凸显出我们的社会所固有的缺陷。在我们的社会中，政治家摒弃了他们作为领袖的责任，通过分析民意调查来试图讨取恩惠、金钱以及选票，并不断迎合选票人无常的欲望。

　　我将用最后一个故事来强调林肯所发出的警告：

　　在去市集的路上，一位老人与他的小孙子碰到一位迎面走来的男子。这位陌生男子说道："老人家，你应该让你的孙子骑着驴走呀。"老人便让孙子骑在驴上走。他们走了一会儿，又停了一下来，又一位陌生男子说道："小朋友，你应该让你可怜的爷爷来骑着驴，而你应该下来牵着驴走。"两人便互换位置，又走了一段，然后又停了下来。又有一个人对他们说道："你们两个都应该骑着驴走。"两人便都骑在驴上，继续向市集走去。接下来，他们又遇到第四个人，对他们说道："喂，你们两个，你们两个都骑在驴身上是不好的，你们给这头可怜的驴造成了多么沉重的负担。"两人都下来走路了，又走了一段路。他们遇到了第五个人，对他们说道："老爷爷和小孙子，你们知道吗，这头驴看起来好累呀。你们应该抬着这头驴走。"说完，老人和孙子一起抬着驴艰难地行走。当他们过一座桥时，老人滑了一下，两人都失去了平衡并摔倒了，不小心将驴摔下了桥，而驴掉到水中淹死了。

　　这则故事引申了林肯的观点：如果试图取悦所有人，你将会搞得一塌糊涂。

奈特的箴言

这些是过滤嘴香烟，我听说它们不伤身体。

> 然后你会遇到最善良的人，他们会在你的癌症病房内抽烟。

我可以抢过这个黄灯。

> 而从你左侧开来的大货车司机也想着抢过绿灯。

到这个时节，这个湖的冰面能承载一辆汽车。

> 一句古老的印第安谚语说道："穿过结冰的池塘时，永远不要第一个走。"

第五章

拿破仑、希特勒以及
其他积极主义者

在篮球领域中，我认为那些因"积极的想象"而沉浸于设想好事发生的教练员，都面临着失败的可能，而他自己却从来没意识到这个问题。因此，他容易忽视那些他需要做好准备以应对的问题。

那些能够意识到失败的可能性甚至在某些特定的情况下能够估算到失败的概率的教练往往会更加努力地工作，而我最喜欢的例子源于我大学所学的专业——历史，而不是篮球记录本。具体而言，我指的是1948年的总统大选。

哈里·杜鲁门本是一位寂寂无名的密苏里州州议员。1944年，富兰克林·罗斯福选中他作为自己竞选总统的伙伴。这位备受爱戴的总统在第四次就任后的三个月后不幸因病去世，杜鲁门随后接替了他的职位。向日本投射原子弹以及获得对于德国、日本的最终胜利都是在杜鲁门时期完成的，但是真正激动人心的是1948年的大选。

曾经在战争中保持高度团结的国家却在和平年代中处于分崩离析的边缘，而国内的不安局势损害了杜鲁门的支持率。而办公桌上著名的"责无旁贷"彰显了他对于自己所承担的责任的态度。早在1948年大选开始以前，各类媒体——当时的报纸、杂志以及电台——都为托马斯·E.杜威造势，认为他能够击败令人感到乏味的杜鲁门。1944年，杜威还是纽约州州长的时候，曾经是罗斯福强劲的竞争对手。

这让杜鲁门陷入了窘境。而在这之后，杜鲁门还失去了以亨利·华莱士为首的左翼力量的支持。1944年，罗斯福提名杜鲁门而非华莱士为副总统候选人，导致信奉极端自由主义的华莱士另组进步党以参加总统大选。

在这之后，杜鲁门又失去了右翼力量的支持。在当时的美国，废除种族歧视是一个日益重要的问题。而民主党对于废除种族歧视的支持态度使1948年的民主党全国大会出现了分歧，约四分之一的极端保守主义成员组成了一个新的政党来反对废除种族歧视，即州权民主党，斯特罗姆·瑟蒙德被推选为这支新政党的首领，而这支政党在美国南部地区的支持率威胁到民主党原本在南部地区所获得的可观的选票，也就是所谓的"南方基地"。

当竞选于1948年的美国劳动节(9月的第一个星期一)前后进入尾声时，没有人认为贫穷、单调的老哈里有机会当选总统。杜鲁门陷入了法国元帅斐迪南·福煦所面临的情况，后者是第一次世界大战盟军总司令，曾经发出史上最著名的战场电报：

> 我的正面受到敌军的猛攻，
> 我的右翼在撤退。
> 情况好极了，
> 我要进攻了！

福煦发出了这则电报，随后阻止了德军的进攻，并在法国马恩河扭转了一战的局面。而杜鲁门，就像福煦一样——他的左翼和右翼已经离开了他——展开了进攻：凭借在火车尾部所发出的有力且朴素的演讲，杜鲁门击败了杜威以及"无所事事的（由共和党率领的）国会"。这是最后一届没有电视辩论的大选。杜鲁门英勇的单人选举运动的目标对象并不是媒体，而是直指参与投票的美国民众。杜鲁门指责参选的对手，并且有越来越多的人开始催促他，希望"给他们好看，哈里！"——而老哈里确实也给他们好看了。尽管大选末期的民意表明杜鲁门根本没有机会获胜，但他还是在难以想象的沮丧情绪当中胜利了（《芝加哥论坛报》在首页上刊登了错误的照片，标题为"杜威击败了杜鲁门"，成为这次大选结果永远的纪念品）。

首先，杜威和杜鲁门都需要对眼下的情势作出判断，认识到对现状放手不管而在这之后再去努力是没有意义的。随着竞选活动的开始，杜鲁门必须了解民意、报纸以及杂志都在说些什么，并且总结："目前，他拥有更大的获胜机会。我必须比他更努力，花更多的时间，并且能给公众留下更深刻的印象……"

如果……那么……

如果我这样做，那么我将获得机会。而如果我不这样做……

而自负的杜威一开始胜券在握，最终输掉大选。他当时需要做的就是稳健地运作，而不是破坏良好的现状。他和他的成员必须去考虑所有那些"真正的"赢家用来击败对手的陈词滥调。在充满竞争的情况下，除非这件事情已经尘埃落定，否则"具有安全感"是非常危险的。

不过，好在杜威所犯下的错误并没有招致血雨腥风。军事的历史充斥着国家领导人和战场指挥官所犯下的愚蠢的错误——乐观地认为某项具有风险的行动能够换回胜利。所有这些错误的行动——那些领导人认为，在当今所有的配备了尖端武器的当代战争中，针对那些孙子思想的实践者做出不会危及自身的决策是非常容易的——都是积极思维存在的最根本的风险。显然，这个观点暗含着我强烈的主观看法，可能是因为我曾在西点军校和那些出色的小伙子们共事，我对这一问题有十分坚定的看法。

但是，并不是只有我一个人持有这样的观点。根据我曾进行过的对话以及我曾看到过的反应，我可以告诉你，对于我们国家的父辈与祖辈而言，他们的爱国之情毋庸置疑，但是他们不希望看到自己的孩子成为国家所作承诺的受害者。他们无法理解这些承诺，也并不认同这些承诺的目的。身处首都的某些人需要明白，这个国家的人民并不认同我们一直致力于进行的事情的价值所在，即在那些积极的保证之下所开始的无休无止的战争。

Pogo原则

面对复杂的困境时，我最欣赏沃尔特·凯利笔下的动画角色Pogo所说的一句话："我们遇到了敌人，而他就是我们自己。"

Pogo是负向思维股份有限公司的董事会成员，因为你可以从它的那句话中读出许多东西。我读出来了："我们"还没有足够努力，"我们"还没有做好充分的准备，"我们"还没有充分地考虑到我们需要做哪些事情来争取胜利，因此"我们"就是我们被击败的原因所在。

当我们感到自负，当我们不在乎细节，当我们认为仅仅因为我们是谁以及我们是我们所认为的谁而能够获得胜利时，我们就是最大的敌人。如果希望从当今的国际事件中吸取教训的话，我们必须一直将Pogo记在心上。我们并不是我们所想象的巨人，而这也是为什么别人能够踢我们的屁股。或者，伟大的橄榄球教练文斯·隆巴迪在看到球队打出低下的水平时，常常会在边线外说道："你们到底怎么搞的？"他真是一个强硬的现实主义者，他清楚事物不能够自己发生改变。

皮洛士式的胜利

有时，即便是获得了胜利也是不够的，所以有这样一种说法，即"赢下了战斗却输掉了战争"。这种情况竟然还有一个专用名词："皮洛士式的胜利"。在公元前280年左右的伊庇鲁斯王国（一个地处欧洲东南部地区的小国家，在今阿尔巴尼亚与希腊之间），一位名叫皮洛士的勇敢的国王，带领自己的军队与强大的罗马帝国展开了一场异常惨烈且付出极大代价的战争，最终获得了胜利。皮洛士当时并没有选择：他的国家在人口上远小于罗马帝国，并遭到了后者的攻击。凭借缜密的计划与有效的执行，他获得了一场胜利，堪称奇迹般的胜利。

但是，他很清楚，这场战斗与其说是一场胜利，不如说是先发制人地发起一场不可避免的战斗。在这场胜利中，他的国家损失了大量的劳动力，与人口严重不足的伊庇鲁斯王国相比，罗马帝国正源源不断地给它的军队补充兵力，这一事实令皮洛士不禁摇头，根据史料记载，他在庆祝胜利时冷冷地说道："再来一场这样的胜利，我就下台了！"由此，"皮洛士式的胜利"这一说法便诞生了。

在这一睿智的短语中，皮洛士所说的从根本上来看既不是负向思维，也不是正向思维，只是对于自己所处的绝望情境有明智的分析，而这也解释了为什么这位重要的领袖能够成为普鲁塔克的《名人传》中的主角之一。

另一个关于代价惨重的胜利的例子是珍珠港。在电影《虎！虎！虎！》中，在日本国内庆祝成功实施偷袭时，日本海军将领山本五十六抱着自己的脑袋说道："恐怕，我们的所作所为唤醒了沉睡的巨人，并且赋予了他可怕的决心。"（这一说法并未记录在史料当中，不过有人说这段话确实出现在了他的日记当中。）

无论这句话是否属实，那一次偷袭对于日本帝国而言，就是一场皮洛士式的胜利：今天是一场奇迹，而明天则需要付出代价。（现在，我更喜欢引用1970年的电影《巴顿将军》中乔治·巴顿将军在美国国旗下对士兵们所说的话："我希望你们能够记住，没有一个混蛋凭借为国捐躯而赢下了战争，要让其他愚蠢的混蛋为国捐躯，才能够赢下胜利。"）可悲的是，没有多少将军能够理解这一点，而士兵们——每场战争的双方士兵——则为了那些愚蠢的军事决策白白牺牲。

有两个历史上的先例可以很好地印证这一观点：攻击俄罗斯的拿破仑与希特勒。

真是糟糕的"执教"。

拿破仑在进军俄罗斯以前，仿佛一直都是无往不胜的。他带领50

万士兵大举进攻俄罗斯，却在六个月以后仅仅带回2万7千人。这次侵略严重削弱了他的军事力量，损坏了他的声誉，并终结了他对欧洲大陆的侵略活动。拿破仑的失算使世界孕育出两部经典之作：托尔斯泰的《战争与和平》（自古以来的规则是：历史，由胜利者书写）和柴可夫斯基的《1812序曲》（充斥着得意扬扬的喜悦之情，经常会在独立日的庆典中演奏，以致大部分美国人认为这首曲子是在庆祝我们的独立战争）。

希特勒肯定没有读过托尔斯泰的作品，尽管他的参谋肯定读过。"进攻俄罗斯？"他们说，"想都不要想。关于'那些不能铭记历史的人将重蹈覆辙'这句话，你有哪里不明白的吗，阿道夫？"显而易见的是，自负驱动着他去做拿破仑没能做到的事情——可能正是因为"连拿破仑都没有能够做到"。我们只能感到庆幸。就希特勒而言，负向思维可能不会改变战争的最终结果，但肯定会推迟二战胜利日在美国的到来，并且使我们牺牲更多的生命。

拿破仑和希特勒都认为他们的军队要远胜于俄罗斯，征服后者简直易如反掌。但是，他们都没能真正看清这场战斗——他们没有理解整个局势，并不清楚俄罗斯能够派出的士兵数量，还有俄罗斯人民出于对家乡的热爱而迸发出的热望与背水一战的决心。

并且，他们对于脆弱的军队后勤是极度盲目的——俄罗斯的冬天是多么残酷，他们的军队需要跋涉多远抵达战场，并且还需要跋涉多远返回本国。希特勒当时非常自信能够拿下一场快速的胜利——在冬天来临以前拿下胜利，这导致士兵的制服在零下二十度的气温下太过单薄。坦克在俄罗斯冬天的泥沼中也无法前进。拿破仑在人手上的损失虽不及希特勒（与俄罗斯），但他们的战败都是注定的——因为他们盲目乐观，因为他们带着积极的思维去冒险，并没有真正认真思考问题。

另一个反例是，在拿破仑之前，在1776年的严冬，美国将领乔治·华盛顿为避免手下部队在长岛出现死亡，命令他们退出战斗，并选择在这之后打出逆转局势的特伦顿战役。也正因如此，他才能活着看到美国得以统一。

蛮干会比谨慎导致更多的失败。在葛底斯堡，美利坚联盟国（译者注：即美国南北战争中的南方政权，也称"邦联"）将军罗伯特·E．李过于激进的野心导致少将乔治·皮克特鲁莽地发起了三天的进攻，却被联邦军击溃。即便不是军事天才也能看出这次历史性的进攻是多么的有勇无谋，从来都不应该尝试发起这样的进攻——失败的可能性太高了。一个更加谨慎的负向思考者可能会选择绕过联邦军发起进攻，或者更聪明的战略是择日再战。实际上，联盟国将军詹姆斯·朗斯特里特曾经恳请李在第二天撤回部队。如果他当初听进去的话……

在我第一次了解到是李指挥皮克特的士兵跨越长约500米的开阔地并沿着北方军的火线战斗时，我认为这一决策足以将他从伟大的美国将军名单中剔除出去。一本刚刚出版的书，作者是一位专业的军事历史学家，也印证了我的直觉，此书也将中国古代军事天才孙子奉作军事领域的权威。实际上，这本书的标题就是《葛底斯堡的孙子》（*Sun Tzu at Gettysburg*）。在书中，作者贝文·亚历山大写道：

葛底斯堡战役启发了将军们应当如何判断地形与敌军的部署情况。各位将军各自看到的结果相差甚远。善于观察的人在看到葛底斯堡的地形后，几乎会立刻注意到南面小圆顶山防线所拥有的优势。小圆顶山具有作为制高点的地形特征。对于富有想象力的人而言——尤其是对于拥有纵射火力方面的专业知识的、经验丰富的军事长官而言——这里将是发起进攻的第四选择。然而，李将军显然没有发现或者忽略了这一点……

孙子讨论过与葛底斯堡战役达到白热化的7月3日所类似的情况。孙子曾说道："知可以战与不可以战者胜。"孙子还强调过："地有所不争。"邦联军是诠释这一观点的最好的例子。原本拥有坚固阵地的邦联军接连败走墓园岭、寇普岭以及墓园山脊，并最终于7月3日小圆顶山遭到重创。李将军当时没有能够意识到，在墓园山脊对邦联军展现的中心发起正面进攻——所谓"地有所不争"——是他的部队所"不可以战者"。

我的好朋友斯图·英曼是另一位比我更加优秀的篮球教练，他曾经告诉我《孙子兵法》的理论可以用于理解高质量的执教工作，尽管这本书是在公元前400年左右完成的。

其中，关于战争的一个基本原则是避免与对方产生正面交锋，要优先寻找对方的弱点，也就是对手最脆弱的部位进行打击，而不是试图压倒性地战胜敌人。这是我最喜欢的《孙子兵法》理论，并且可以直接应用于篮球战术的制订：

水因地而制流，兵因敌而制胜。故兵无常势，水无常形，能因敌而取胜者，谓之神。

对于任何一位领袖而言，我想象不到有哪个赞美之词能够比"神"更加动听了。

我们无法指责西点军校——美国内战双方所有高级将领的母校——未曾教授孙子的战争理论。在二战以前，没有任何西方军事高层了解孙子的理论。尽管其成书在时间上同亚历山大大帝相近，《孙子兵法》在当时还未出现英译版本。直到《孙子兵法》在中国国内兴起后的几年间才出现了英译版本，而此时距这本著作问世已经过了两千余年。毛泽东是创造性发挥《孙子兵法》价值的当代军事将领，他将《孙子兵法》的内容融合于其关于游击战战术的著作当中，他的战术对解放战争的胜利起到了重大作用。后来，《孙子兵法》思想再次在越南兴起，使每一个在人数上占下风的地区都抵挡住了更加强大的外部军事力量。

1936年，在开展游击战的过程中，毛泽东写下了一段颇具孙子风格的文字："声东击西，忽南忽北，即打即离，夜间行动。"在橄榄球领域，这叫做误导；在篮球领域，这叫做猫戏老鼠。但是，在我看来，有太多像李将军一样的教练在执教，他们认为除非双方摆开架势、硬碰硬地展开战斗，否则以其他任何形式获得胜利都是懦弱或无价值的表现。这种情况并不仅限于橄榄球领域。

有一位孙子军事思想的实践者，名叫斯通沃尔·杰克逊，亚历山大是这样描述他的："如果说，这个世上存在孙子的智慧的传人，那便是斯通沃尔·杰克逊。他在1862年的战役中所采用的策略体现了许多孙子的军事思想：避其锐气，击其惰归；兵者，诡道也；以利动之，以卒待之。"但是，杰克逊的建议常常遭到持抵触态度的李将军拒绝或者无视。在葛底斯堡，杰克逊甚至都未曾获得争论的机会，仅仅在开战几周后便在钱瑟勒斯维尔牺牲了。

亚历山大指出，如果李答应杰克逊的请求，允许后者率领5,000人发起勇敢的游击战式的攻击，整个历史都将可能得到改写。

> 杰克逊……试图攻击联邦军的要害，即他们的工厂、城市以及铁道。这一想法体现出孙子最深刻的观点：彻底摧毁敌方抵抗的意志。打入北方地区可以使南方军在数周内结束这场战争，但是杰克逊并没有能够说服南部邦联总统杰弗逊·戴维斯及其军事顾问罗伯特·李来实施这项军事计划。戴维斯和李弃用了杰克逊的策略，转而选择开展长期消耗战以缓慢削弱敌方的抵抗力量。在这场战争中，南方邦联注定失败，北方联邦的十一分之一的工业以及三分之一的劳动力也注定被摧毁……当戴维斯和李拒绝采用杰克逊的谏言时，美利坚合众国的命运就已经被决定了。

皮克特的名字——而不是李的名字——与葛底斯堡战役的惨败联系在一起。他在那次"冲锋"中幸存下来，但他所带领的12,000名士兵，有半数都牺牲了。比起一些持积极思维的逊色的教练，皮克特更多的是以一个现实主义者的态度走出这场战争。在多年以后，当被问及发起冲锋当天究竟出现什么问题时，皮克特的回答受到了人们的赞许："我一直认为，那一次惨败都和北方军的努力有关。"

皮克特的"前辈"

我在奥尔维尔度过的童年的一大幸事是，当时还没有发明出电子游戏。当我还没有开始哪一项球类运动时，我在镇上的图书馆度过了很多时光，而且我还阅读了学校图书馆里的许多书籍，尤其是传记类的作品。我记得我唯一玩过的卡牌游戏是"作家"游戏，这个游戏要求集齐历史上一些伟大作家的全套作品。其中一位便是丁尼生，他一共有三张卡片，其中一张是他的一首诗——《轻骑兵的冲锋》(*The Charge of the Light Brgade*)。

当我读到卡片上的诗后，对我来说，它就不再仅仅是一张游戏卡片了。我意识到，这首诗根本不是一首赞美勇敢士兵的英雄主义的史诗作品，而是反映出阿尔弗雷德·洛德·丁尼生作为英国的桂冠诗人，嗅觉敏锐地意识到他的国家在1854年10月25日的巴拉克拉瓦，在与俄罗斯对阵的克里米亚战争中，正在做出糟糕的军事决定。实际上，贝文·亚历山大在《葛底斯堡的孙子》一书中说过："皮克特冲锋应当被看做大型版本的克里米亚战争的'轻骑兵的冲锋'——由一位忽视更好的建议的长官所做出的愚蠢且任性的决定，而这一决定招致本可以也本应该避免的灾难。"

这两部作品都涉及了针对不可能完成的任务所发出的进攻号令——而丁尼生着眼于一个由600人组成的精锐轻骑兵部队。丁尼生在听说了关于巴拉克拉瓦的细节后，在短短的几小时内便针对英国所犯的错误书写下战争文学史上最深刻的语句：

> 半里格①，半里格，
>
> 前进半里格的路。
>
> 六百名轻骑兵
>
> 全部进入了死亡之谷。
>
> "冲锋，轻骑兵！"
>
> "为我们的枪上膛！"他命令道。
>
> 六百名轻骑兵
>
> 冲向了死亡之谷。
>
>
>
> "冲锋，轻骑兵！"
>
> 可曾有一人踌躇退后？
>
> 尽管士兵知道，
>
> 有人做了错误的判断，
>
> 他们无话可说，
>
> 他们不问为什么，
>
> 他们只知道冲锋并且牺牲。
>
> 六百名轻骑兵

---

① 一种长度单位，通常运用于航海领域，相当于5.556千米，在陆地上运用时，约等于4.827千米，是一种较为古老的测量单位。

冲向了死亡之谷。

大炮在他们右面，
大炮在他们左面，
大炮在他们前面，
炮火在轰鸣，
炮弹在横飞，
他们英勇无畏，
六百名轻骑兵
冲向了死神的牙关，
冲向了地狱的大门。

…………

他们的荣耀何日会褪色？
啊！他们曾发起过最勇猛的冲锋！
全世界都为之惊叹。
荣誉，归功于他们的冲锋，
荣誉，属于轻骑兵旅，
杰出的六百名轻骑兵。

　"半里格，半里格，前进半里格的路"……"他们不问为什么，
他们只知道冲锋并且牺牲"……"大炮在他们右面，大炮在他们左

面，大炮在他们前面，炮火在轰鸣"……"尽管士兵知道，有人做了错误的判断。"

这首诗共有六小节，总计55句。其中，有17句收入巴特列特编纂的《经典语录》（*Familiar Quotations*）。这首诗非常经典，措辞令人难忘。没错，这首诗是纪念勇者的丰碑，但也突显了领袖的愚蠢。当我阅读第一次世界大战的历史时，我不断惊讶于20世纪版本的斯巴达勇士和古希腊军队发起正面进攻的次数，不断地看到一支已经筑起防线的敌军轻而易举地向正在穿越开阔地的进攻者进行扫射，而后者不断地向"死亡之谷"行军或发起进攻。

靠你了

有时，我读过的东西会深深地印在我的脑中，但是我却怎么也想不起来我是在哪里读到的。

林肯说过的一句话对任何一名领导而言都是非常重要的：放手去做你认为最好的决定——前提是，你认真思考并研究了这个问题。

一些格局远不如林肯的人也曾提出过几乎同样发人深省的话：如果你的想法仅达到整个项目一半的水平，那就不要启动这个大项目。

我非常欣赏一则乐观主义的故事。一位带有悲观主义色彩的小男孩一直期待着在圣诞节这一天收到一匹小马。当他在圣诞节的早上冲向他们家的畜棚——家人告诉他礼物在那里——他什么也没有找到，除了一坨马粪。他摔门而去，回到家里，不断抽泣着。

过了一会儿，同样的事情发生在他的乐观主义的兄弟身上。当他打开畜棚的门并看到同样的东西后，他欣喜地大叫着冲进充满恶臭的畜棚，喊道："既然这里有这么多马粪，那么这里肯定会有一匹小马！"

我更喜欢另一位稍微慢一点的消极主义者：

有两头公牛，一头年轻的和一头老的，从山顶俯瞰一片聚集着小奶牛的草地。年轻的公牛哼了几声，说道："起来，老家伙。我要立刻冲下去和一头母牛交配。"

而那头老公牛说道："耐心点，孩子。慢慢走下去，然后和所有的奶牛交配。"

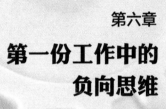

第六章

第一份工作中的
负向思维

当我从俄亥俄州立大学毕业时，我尚未满20岁，但是我知道我未来到底想要成为什么——一名篮球教练。我也有想过考入法学院学习——我的父亲从来不认为教练能算得上是一个职业，甚至都不是能够谋生的可靠方式，他肯定更乐意我进入法学院学习。但是，当我走出俄亥俄州立大学时，我知道自己是真的想要当教练，并且当时眼下就有机会在一些俄亥俄州的高中担任主教练。

我就像其他初出大学校园的年轻人一样，渴望赶快进入职场。我当时收到了一些录用函，因为整个俄亥俄州都知道由弗雷德·泰勒开创的俄亥俄州立大学篮球时代的成员们连续三年获得大十联盟冠军（1960年至1962年），连续三年打入全国总决赛，并获得过一次NCAA总冠军。除我以外，其他四年级的成员都是球队的明星球员：杰里·卢卡斯，年度最佳大学球员，我到现在都认为他是大十联盟史上最出色的球员；约翰·哈夫利切克，我最喜欢的篮球运动员；迈尔·诺威尔，大十联盟最佳后卫，连续三年担任球队首发——拥有出色手感与敏捷性。在我们这些球员看来，这些都只不过是冠军球队中的"名字"而已，但是这些名字在俄亥俄州却是家喻户晓。

在结束了我们这些大四球员的最后一个赛季后的几周内，卢卡斯、哈夫利切克、诺威尔、加里·吉尔哈特和我在俄亥俄州当地的篮球队进行巡回演说，我们从中挣了一大笔钱。卢卡斯、哈夫利切克和诺威尔吸引人们前来听我们的演讲，但在我们这个群体之中，我并不会在未来成为职业选手，我是那个想成为教练的家伙。因此，我当时的情况非常有利于找到一份执教的工作。

在完全没有任何工作经验的情况下，我参加了俄亥俄州一所知名高中的篮球主教练职位的面试。我当时认为那是一个非常理想的职业起步点，并且我有充足的理由能够得到这份工作，只要我想的话。

我有充分的自负的理由，来解释为何那样一种条件的年轻人总是会认为自己能够得到这样好的机会。我从六年级就开始打篮球，并且大学四年都是在一批杰出的教练员手下打球。我还曾经为一位非常糟糕的教练员打过球，而这段经历也教会我另外一个非常重要的教训：**不要做**哪些事情。总而言之，我总结了我所经历过的所有教练员的优点和缺点，并且将其作为我未来进行执教工作的指南。

我当时所做出的决定，其实就是我第一次以职业的角度肯定了负向思考的力量。

尽管我当时非常渴望这份工作，但我当时并不认为我知道应当如何执教。因此，我放弃继续争取主教练的工作岗位，转而决定在一位经验丰富且非常受人尊敬的教练——哈罗德·"安迪"·安德里亚斯，来自阿克伦郊区的凯霍加福尔斯高中——手下担任助理教练。

回顾过去的五十年以及整个执教生涯，我将这次决定视作我整个职业生涯中所做出的第二重要的决定。在那以前，我从出色的教练员身上学会了怎样打篮球，但是我从安迪身上学到了篮球赛场上的执教工作。

他首先教我的内容之一是，就与比赛相关的各种技巧而言，了解我的球员能够做到什么，以及——更加重要的是——他们又不能做到什么。安迪坚定地认为不应当向球员灌输过多的信息，导致他们无法本能地对场上的情况做出反应。

志在成为教练的我，感觉安迪身上有太多可以学习的东西。赛季期间，我利用一切可能的时间向他提问。我当时的工作包括获取大学球队的信息以及执教高中校队。每当我向安迪提交我完成的关于下一个对手的球探报告时，他都会就每一个环节进行询问，关于对手的每一个环节中的每一个细节，包括每个球员和整个球队的细节，也就是所有能够从我身上得到的信息。很快我就学会如何更好地开展球探工作，从而使我不会因为无法回答问题而感到尴尬。不过我同样学到了执教的艺术，也就是必须要做好充分的准备，每一场比赛都准备好相应的方案，从而使你的球队获得最好的赢球机会。

通过这段经历，我明白不可以仅仅因为你的球员比对手更加出色——即便确实如此——就理所应当地认为你们将赢下比赛。我明白了不可以因为球队出色的表现就想当然地认为他们在下一场比赛也会发挥得很出色，而这一理念也适用于同一场比赛的每个小环节。

一样的比赛，不一样的看法

安迪教会了我一条非常重要的执教理念：比起打出来的好球，场上的错误能够决定更多的比赛。在那以前，我作为球员，会认为我们能够走上球场并打出漂亮的球来击败对手。安迪和他的助理比尔·雷巴克告诉我我的想法是对的，但是这与我们如何取得胜利无关。我们要使我们发挥出的水平比我们让对手发挥出的水平更高，才能赢得比赛。

有一年，我们的一支高中校队将在中学校队联赛的预选赛中对阵巴伯顿高中，他们的球队此前都未尝败绩。我找到安迪并汇报了我针对比赛生成的计划：采用半场区域陷阱防守策略。他听我说完后讲道："如果你找不到如何用人盯人防守战术来击败对手的方法的话，那么你将永远都不会成为一名出色的教练。"我理解了安迪的提示。我们的球队采用了人盯人防守战术并最终战胜了对手。

他说的那句话中暗含着一种哲学思想。皮特·纽维尔，一位伟大的教练，曾带领旧金山大学与加州大学分别获得了1949年NIT锦标赛①与1959年NCAA联赛的冠军，并于1960年带领美国队获得奥运金牌。在我执教生涯末期，他扮演了早年哈罗德·安德里亚斯的角色——一位良师益友。皮特曾经告诉我——无意间强调了安迪对于防守策略的观点——这世上有两种教练：第一种是喜欢意外与改变的教练，第二种是偏好简洁与执行的教练，而前者所执教的球队永远都不会比后者更加高效。

噢，皮特还知道，第一种教练总是喜欢向媒体和球迷展示球队在一场比赛中所用到的进攻与防守战术的数量。但是第二种教练的球

---

① 全称National Invitation Tournament，即全美邀请赛，于1938年成立，是全美最早的大学篮球锦标赛。目前，NIT每年邀请未能入围NCAA的32所学校参加，是没能打进NCAA锦标赛的大学男篮球队的季后赛舞台。

队——文斯·隆巴迪执教的绿湾包装工队就是一个非常好的例子——则会竭力做到教练所布置的任务，这样能够使犯错率最小化。

在隆巴迪之前还要提一下保罗·布朗。作为狂热的克利夫兰布朗队的球迷，他是我儿时的偶像。隆巴迪和布朗建立了完整的关于消除错误的理念。我执教篮球，他们执教橄榄球，但是我有很多基本的想法都带有他们的影响——还有其他篮球领域奠基人的影响，这些我心目中的名人堂成员有：皮特·纽维尔、亨利·艾巴、克莱尔·比、乔·拉普奇克、艾弗雷特·迪恩以及我们俄亥俄州立大学的主教练弗雷德·泰勒——我从来不会犹豫去向他们请教任何问题。

我曾经在执教方面收获的最大的赞美来自戴夫·加维塔，曾执教普罗维敦斯学院以及美国国家队。他曾经称呼我为"当代教练界最伟大的导师"。我非常珍惜来自我眼中的"东部分区之父"的赞誉，且一直以来我都认为我最重要的角色是导师的角色——一个非常严厉的导师！

保持持续的执行能力的关键是要保持高要求。"要求"一词对于获得有效的领导力是非常重要的。要求是一个消极词语，因为它假设现状缺乏行动或是产出。最好的老师以及领导者都是我所知道的要求最高的人群——非常睿智地提出很高的要求。不要要求他人去做他们无法做到的事情，而是要求他们去做他们可以做到的事情。

永远记住，你所领导的人永远满足于你所要求的最小值。而产出的最大化源于最大化的期待——不是不现实的期待，而是最大化的期待。有耐心的人无法成为出色的领导者。出色的领导者是很难取悦的，并且你的球员、雇员或者学生都清楚这一点。他们会满足于你所容忍的程度，但是一名杰出的领导者应当是不宽容的。

我也一直希望能从我的队员身上激发出这种品质，即他们能够向自己要求出色的表现。我最早在西点军校执教的那些队伍都没有自行推举出球队的队长。我从球队中选出了队长，我认为他们是球队中打得最努力的，或者最靠得住的。我会告诉他们："仅仅你自己打得很努力是不够的。你要让其他人也打得很努力。我一个人不可能完全做到这些。你需要去要求他们，要求他们必须打得更加努力。你需要去推动这些家伙们。"

我总是会告诉队员们的家人，我将会是你们的儿子所遇到的最严格的教练，并且这份严格将会延伸至生活中的方方面面：学业、职业生涯以及在家庭中的表现。我想要保证球员以及他们的家长能够在球员正式开始为我打球之前充分理解这些。

招募球员是需要高要求的环节。常常有人问我，在评价潜力球员时，哪些因素是最关键的。这个问题不错，但是没有任何一个准则可以回答这个问题。

首先，我希望球员能够成长为最难缠的对手。他们具有出色的运动能力，良好的防守意识，能够学习并接受我的关于避免犯错的策略。其次，我还看重球员无私的品质。还有，技巧也很重要。这些孩子都是非常出色的运动员，因此他们的态度更加重要。

上述不仅仅适用于招募球员，还解释了我是如何将两支不同的球队捏合在一起并最终获得金牌的。当我组建球队并为我的大学篮球队招募球员时，如果我认为某个孩子习惯我行我素的话，我可能会对他失去兴趣。我在招募球员时有过好几次这样的经历，当我走出球员的家后对对方说道："我想你还是换一个球队吧。"可能是孩子对于家长的态度让我对他失去了兴趣。我总是通过球员整体的品格来衡量他们。

有时，即便你决定了去追逐某个球员并且最终真的得到了他，你也可能会发现你对他的期待高于他对自己的期待。通常来说，这种孩子是不会足够努力付出，从而发挥出自己全部的天赋的，培养他很可能就是在浪费你自己的时间。一定要提前发现这个问题并避免陷入这种局面，这对于教练员和球员来说都是最好的，对于雇主和雇员而言也是一样的。

西点军校：执教生涯中最大的突破

我对在凯霍加福尔斯高中于安迪手下开始执教生涯感到最满意的一点是，在他以退休结束了自己的事业后，作为报答，我将他带到了布卢明顿，他作为助理教练加入了我的团队——他是一位非常宝贵的、做出很大贡献的教练，这样一来，他就能够同我一起经历作为教练能够经历的最伟大的旅程：我们带领印第安纳大学在1976年以未尝败绩的情况下夺得了当年总冠军。

从凯霍加福尔斯到布卢明顿，我走出了非常重要的一步。

我为安迪效力的第一个赛季行将结束时，面临着至关重要的抉择：究竟是攻读研究生，比如进入法学院，还是继续执教？当时我已经22岁了，手边还有一张征兵令——虽然当时没有越战的威胁，但是确实可能会收到征兵令。最终，我选择志愿服役两年，为此我的父亲大为光火，但我是有计划地做这件事情的。

1963年，我在路易斯维尔市的自由山球馆观看当年NCAA锦标赛的最终四强赛，我当时正同泰勒教练交流我下一步的计划：是回到凯霍加福尔斯以谋求更高的教练职位，还是进入研究生院并且在那里寻找执教机会？乔治·亨特，西点军校的教练，是泰勒教练的朋友，他碰巧听到了我们的对话。他对泰勒教练说："如果他有入伍的打算的话就告诉我，我会把他带到西点军校的。"鉴于当时征兵的情况，我是很难去西点军校的，但是我直接向亨特教练问道："如果我志愿入伍的话会如何？"他回答道："那我就会把你带到西点军校，你将会执教我们的新生篮球队。"（五十年以后，我将"如果我志愿入伍的话会如何"这个问题视作我这辈子问过的第二重要的问题，仅次于我当时向未来的妻子凯伦求婚的那个问题。）

在这段对话结束以后，我一个人盘算了一会儿：在凯霍加福尔斯的第一年，我一共挣了5,050美元，其中，4,600美元来自四门课程以及一个自习课，还有450美元来自执教工作。比尔·雷巴克是安迪的助理教练，工作非常出色，在那之后将离开这里获得一个主教练的职位，因此我将可以成为球队的助理教练，也就意味着我可以从执教工作中获得更高薪水。

除此以外，全校所有老师都将涨薪，而我的薪水将一下子提高25%，大概能有6,300美元。另外，我还有机会参加一支由一些克利夫兰布朗队球员组织的球队，在他们的休赛期同俄亥俄北部地区的球队打比赛——每年大约50场比赛，每场比赛大约50美元。因此，在6,300美元的基础上，我还会有额外的2,500美元的收入。对于一个并没有任何家庭责任的小伙子而言，这真的相当不错，差不多平均每周挣165美元。

哇哦！

我将所有通常可以打动一个小伙子的理由（以净收入为首）都与我所做出的选择进行了一番权衡。但我并没有摇摆。我决定进入军队服役两年。所有人都觉得我疯了，尤其是我的父亲。但是我告诉他："如果顺利的话，这将是我执教生涯中最好的机会。这是我大学毕业的第二年，但我已经可以参与执教大学篮球队了。"

随后，亨特教练遭到解雇，我开始有些动摇了。但我已经报名参军，签订了协议，必须按期报到。可能我也可以想办法不去参军，不过我也不清楚。泰勒教练打电话给亨特教练，亨特向泰勒保证，一切都由新的主教练即亨特曾经的助理教练泰茨·洛克安排妥当。

当我进入西点军校，我发现情况其实并不是如他所言：军校里还有两三个家伙，也是听了亨特同样的话进来的。而年轻的泰茨也仅仅只比我大几岁而已，曾经是俄亥俄卫斯理大学的篮球运动员，而我在俄亥俄州立大学打球。所以他了解我的背景，知道我曾经同泰勒教练共事，因此对我来说最终结果还不错。我获得了这份工作，而其他家伙则被抛弃在军营之中。我一直为泰茨同样拥有和我类似的俄亥俄背景感到幸运，我非常确信正是这一点才使他决定任用我而非其他人。

因此，这是我曾就职业生涯所做出的最好的决定，尽管这很需要耐心——这一品质从来都不是我的强项。在西点军校的执教生涯伴随着十周的基础培训开始了，培训是在密苏里州伦纳德伍德堡的炎热的夏天进行的。此时，我在奥尔维尔的朋友以及大学时的兄弟们都已经回家享受假期了。我不会否认，在那里有时我还是会产生自我怀疑。但是我从来没有按照多数人评判职业的目光来质疑自己的选择。不过如果按照金钱来衡量的话，我的决定是很愚蠢的。在接下来的两年，我曾拿到的最高工资不过98美元。西点军校在运动员公寓为那些没有收入的对手运动员提供住宿，而这个运动员公寓同时还服务于像我这样的来自各类普通学校的教练。我在那里有3名舍友：一位曲棍球教练、一位橄榄球教练以及一位训练师。

在西点军校的两年，泰茨担任主教练，我则担任他的助理教练，我们共赢下40场比赛，输掉了15场比赛。在服役满两年后，我有机会去其他地方担任助理教练，包括辛辛那提大学和美国海军学院。泰茨也收到了一些邀请，但是我告诉他，他一定要在这里多待一年，我也会再留一年。我们将在第三年再次取得很好的成绩，这意味着他可以在简历上写下"连续三年获得良好战绩"，这将使他有机会获得一份很棒的工作。

但是，我认为泰茨犯了一个非常大的错误，他离开西点军校前往迈阿密大学俄亥俄分校——他甚至都不是做主教练，而是要担任首席助教，对方只是承诺在未来会给他主教练的职位（他后来确实如愿了）。他的离开使我填补了西点军校篮球队主教练的空缺。做出这个决定的是西点军校唯一的体育部主任——雷·墨菲上校，他任用我这个才24岁且根本没有主教练经验的年轻人担任主教练。而他这么做是因为他认为这对于西点军校的篮球事业是有益的。

一转眼，我就是一名主教练了！我担任主教练的头两个月，我还处于两年兵役期间，仍旧是一名一等兵，并且薪水依旧只有微薄的98美元——多亏了墨菲上校，我经常因为他很小气而开他的玩笑。但是他又是一个很坚持原则的人：我于1964年6月11日入伍，于1966年4月1日任命为主教练，在1966年6月10日退伍——在这以后，我的薪水一下就涨到6,500美元，并且还有住的地方。

我做得真是太对了。如果我当初做出不一样的选择，谁又知道我的职业生涯将朝哪个方向发展？事情最终都会如何呢？我当时真的就是放手一试。

我在西点军校学到了许多关于执教大学篮球队的知识。将球员招募至军校打球不是一件简单的事情，因为每一名军校学员都要在毕业以后面临参军服役的问题，军校的性质是导致西点军校的招募工作最为艰难的原因。不过，这里的招募工作虽然非常困难，但也对我日后在其他球队进行招募工作起到了有益的作用。

泰茨致力于打造高质量的防守，并且对防守的价值深信不疑。这种意识其实暗含着负向思考力：在执教过程中，你需要用逆向思维来考虑防守而不是进攻，因为你会说，甚至可能会承认："我们不能指望着比对方得更多分，我们要找到阻止对方得分的办法。"

来自巴德的建议

泰茨像安迪那样，也教会我良好的准备工作是取胜的关键。准备工作涵盖球队的防守、进攻以及其他所有与比赛相关的方面。泰茨所带领的军校球队的成功以及在这以后的六年中我所获得的成绩，是我可以用来证明让我印象至深的信条——渴望胜利是不够的——的最佳凭证。重要的是，你渴望为胜利做好准备。

在这个执教哲学的背后其实有一个故事。在我的职业生涯晚期，我们进入了21世纪，当时我已经离开了印第安纳大学。有一次，我在位于华盛顿的美国国家记者俱乐部进行演讲，最高法院法官克拉伦斯·托马斯也出席了这次活动。我们在这之前曾经有过交谈，活动当天他告诉我，他的小钱包里放着一张剪报，内容就是我曾就执教哲学说过的那句话。他非常认同这一哲学，并因此给予了我高度的赞美。我很感谢他。我告诉他，产生那些句子的灵感来源于我曾经和前任俄克拉何马大学橄榄球队主教练巴德·威尔金森之间的对话，尽管具体的表述措辞是出自我手。

巴德是大学橄榄球史上最出色的教练之一，也可以说是整个执教历史上最出色的教练之一，无论是哪项运动。他在俄克拉何马大学所执教的队伍在1953年至1957年之间创下了47连胜的纪录。想象一下：在整个连胜期间，球队的人员配置都发生了彻底的变化。拿下前12场连胜的球队球员与赢下最后12场连胜的球员竟然完全不同。我认为，这是一名伟大教练的标志。当然，事实也肯定如此，因为在一百四十余年的大学橄榄球历史上，没有第二支队伍做到40连胜。

在巴德退休了很长一段时间以后，我逐渐了解了他并登门拜访了几次。在某一次会面中，他告诉了我两件事情，它们后来成为了我的执教原则。第一件事是：当赛季进行到一半时，他会召集教练组的成员，让每一名教练组成员写下球队在当天下午应当进行训练的时间长度。然后，他总是会选取最少的训练时间。也就是说，教练组成员所提出的最长的时间可能是2.5小时，而提出的最短的时间可能是1小时40分钟，那么他们就会选择训练1小时40分钟。

在这里，负向思维就发挥了作用：球员的双腿已经疲惫了。我们必须不断刻苦训练，但是我们不能在长达两三个月的时间内都保持这样的强度。再一次强调"不能"这个词——在很多情况下，这个词语都是一个关键而正确的词语，能够起到相反的作用。在这里，遭到否定的提议即更多的训练时间所产生的负面效果要大于其正面效果。

自此以后，我会随着赛季的进行缩短球队的训练时间。这并不容易，因为整个赛季的最后几周是最为紧张的时间点。在这个阶段，仅仅一场或两场比赛就可以决定最后的冠军，而放弃更加努力训练、选择减少训练量完全不符合我们的本能反应。但是，减少训练时间是至关重要的。处于疲劳状态的球员无法像得到充分休息的球员一样思考或打球。引用伟大的文斯·隆巴迪的名言："疲惫使我们所有人都变成了懦夫。"

同巴德·威尔金森交流以后，在结束圣诞节假期以后，我都会把训练时间控制在1小时20分钟以内，而其他我所知道的球队都要训练3个小时或者3.5个小时，个别球队甚至达到4个小时。我认为这样一个小小的决定使我们赢得了许多赛季后半段的关键比赛，因为在比赛的最后10分钟，球员的双腿依旧有力，我们没有将孩子们累到无法按照比赛所要求的节奏来完成40分钟的比赛。他们的大脑也因此受益。对于生活中各方面的问题，在大脑疲劳的情况下是无法做出太过明智的决定的。

负向思维即"当赛季进行到目前的阶段，我们不可以训练过久"并没有使我们像巴德·威尔金森一样收获47场连胜，但是我们印第安纳大学在20世纪70年代也分别创下34场连胜和33场连胜的纪录，在异常激烈的十大联盟的连胜纪录上分别占据前两名。

"爆冷门"的真相

巴德·威尔金森在那天还和我强调了准备工作的重要性：保证球队面对下一场比赛所完成的准备工作质量是教练需要做的最重要的事情。

当对方拥有天赋上的优势时，充分的准备工作能够帮助我们能够与之匹敌。多数世人称之为"爆冷门"的事情的真相往往是：一支实力较弱但准备充分的队伍击败了一支天赋更好但却没有充分准备的队伍。

你对准备工作投入的努力能够给予你胜利的欲望。如果你准备得很好，那么你将会有额外的动力来追求与你所投入的努力、汗水以及专注相对应的满意的回报。

我来讲一个关于一名出色的运动员的故事。他当时刚刚大学毕业，是一个好奇心很强的人。在选择摆在他面前的许多诱人的工作机会时，他决定环游世界，去看看这个世界是什么样的。在南非，他被雇用为一支探险队进入荒野地区的向导。他很兴奋，因为他将目睹他从未看过的世界与动物的天地。

第一天，作为整个团队中最年轻的成员，他负责给队伍殿后，并背着重达40磅的行李。在荒野地区行进的过程中，他感到有些吃力，渐渐有些掉队了。他弯了弯腰，又抬头看了看，发现有一头成年的狮子在就蹲在面前的一块石头上，准备随时向他扑过来。狮子跳起来了！年轻人的运动技巧生效了：他也及时向前猛冲，冲到了跳起来的狮子的下方并最终成功脱险。

随着狮子跑开，惊魂甫定的年轻人振作起来追上了探险队。当天晚上，他偷偷离开了其他人，再次进入了丛林。这一次，他带上了步枪，使自己比白天准备得更加充分，以防狮子再次出现。年轻人远离队伍的露营区，在丛林中练习使用步枪并锻炼自己的警惕性。他用枪瞄准灌木丛、树枝，接着选中一个目标并开枪——这是在模拟受到的攻击，做好准备以使自己成为一名更好的向导。通过积极的准备，他的感觉越来越好。这时，他弯下了腰，但是……

抬起头，就在年轻人的面前，那头狮子又出现了！而这头狮子正在练习如何跳得更低一些。

这则故事的寓意在于：即便你拥有为胜利去做准备的意愿，也不意味着你的对手没有在做准备。而如果他在做准备但你却没有的话，优势便在对方的手上了。

准备工作具有教育意义

西点军校的小伙子们所经历的一切都印证了我认为最优先的事情是：做准备、做准备、做准备。无论是否在西点军校执教，我都清楚指导球员学会赢球是我的职责之一，而且这对于培养一名未来的军官而言更加重要。在我离开军校后的四十余年，一位我无比尊重的篮球评论员——五星篮球训练营的创办人霍华德·加芬克尔曾经评价道：鉴于当时球队的水平以及战绩，我在西点军校的经历是史上最出色的执教经历。

这是我收到过的相当高的评价，但是这份赞美也要归功于那些小伙子们的可塑性，他们认可了负向思考力，而这是我所教的一切内容的核心：对手很难在我们的球员身上得分，这让对手与我们对阵时毫无乐趣可言，也更难战胜我们。我们曾经的口号我到现在都一直记得：

凭借天赋取胜未必就是正道。

总是有一些事情是你可以做到或者做不到的。

消除错误比求胜的欲望更加重要。

永远不要让球队的处境影响我们打球的方式。

在任何一段时间内保持团队的高水平都是对领导者的一种持续消耗。你必须使你的队伍处在一个很高的水平上，并且保持下去。不要放松。不要偏离。

负向思考这一在我的职业生涯初期起到很大作用的思维方式，本能够在我的职业生涯后期发挥出更大的作用。我在印第安纳大学的前十六年，校长是约翰·瑞安。在我后来的二十九年中，我越来越感觉我和大学的领导层并没有处于同一个节奏上，我们并不合拍。

我们依旧在赢下许多比赛，依旧在得到有天赋的孩子。我依旧能够以对我而言最重要的方式来回报大学——让我们的球员毕业，以及为大学的图书馆带来不菲的经费支持。如果我用积极的思维来审视我们已经做到的事情以及我们将继续去做的事情，那么可以说，只要我愿意，事情都会这样继续下去。

而负向思考能够使我不被这些出色的表现蒙住双眼，能够让我睁开眼睛看到我的好朋友和睿智的顾问人员——包括皮特·纽维尔、体育比赛的电视主持人科特·高迪，甚至还有对手的教练艾尔·麦奎尔——想告诉我的事情。我需要对自己说，我不喜欢现在的管理层，我不能也不想和他们共事……眼下情况无法得到好转。事实上，情况只会变得更糟。我在那里过得很舒服，但舒服是一件危险的事情。积极地考虑你的未来——盲目积极，不去考虑各种情况下的变化——可能真的是个错误。

在我执教得州理工大学的四年后，类似的事情发生了。我们已经达到了不错的状态，也招募了一些出色的小伙子并得到出色的管理层的支持。我为当时我们所前进的方向感到非常乐观，因此拒绝了担任田纳西大学的主教练的邀请。这是我所犯下的第二大的错误。我当时应该考虑我当时的状态，去考虑这两个学校在篮球层面上有多么大的差异：得州理工与田纳西，拉伯克市与诺克斯维尔市。我沉浸在我亏欠得州理工人情的想法当中，而事实是我所做的贡献已经超过了我所亏欠的。

我们很难在拉伯克招募球员，因为对于这里的人们而言，篮球并不是那么重要。我总是引用许多格言警句，其中一个便是"草儿永远是隔壁草场的绿"——不要着急跳过去。这句话的意思是，不要盲目认为你的草场长出的草就是枯弱的。不要盲目地陷入消极，也永远不要让你认为积极的事物来支配自己判断事物的消极因素的能力。那些消极因素总是比一项工作的积极因素更加重要，如果你仅仅关注那些积极因素，那你便是在自欺欺人了。

我对于离开西点军校的决定感到非常满意。在那里度过的六年，每一年我都有机会选择离开。出于一系列原因，包括我对于在没有任何经验的情况下出任主教练一职的感激之情以及享受与军校中出色的孩子们共事所带来的挑战，我坚持在那里执教。我知道，最终我还是会离开那里，但是我一直等到合适的时机并找到合适的去处之后才选择离开，印第安纳大学就是当时我所等待的去处。毫无疑问的是，在这么长的时间里，印第安纳大学对我而言一直是一个非常棒的归宿，是完全正确的目的地。

拉伯克的经历让我有所收获，尤其是我在那里遇到的人。其中，我遇到的最棒的家伙可能就是这所学校有史以来最出色的橄榄球运动员——E．J．霍勒布，他来自拉伯克，曾入选全美全明星阵容，后来又成为得州理工大学的名人堂球员。他在超级碗所达成的成就至今依然无人可及：在第一届超级碗中，他担纲堪萨斯城酋长队的中后卫，而在第四届超级碗中，他又担任球队的中锋。

E. J是我的得州方言教官，他教了我一个词，而我如果早点知道这个词的话就可以省却好几个音节来表达这一含义了：sumbitch（即son of a bitch，狗娘养的）。我们在校园里第一次相遇时，他指着另外一个家伙说道："小心这个家伙，他是个很坏的狗娘养的。"没过多久，他就把我介绍给了那个家伙，并说道："好了，现在他就是个很好的狗娘养的了。"我说道："等一下，怎么可能既有好的狗娘养的，又有坏的狗娘养的？"他大笑起来。在拉伯克的那段岁月，他是我的方言老师，我们成为了非常好的朋友。

但是，对于所有我在拉伯克遇见并逐渐喜欢的所有人而言，他们对于篮球的热爱与欣赏同布卢明顿的人们相去甚远。最能说明这一问题的例子发生在我的高光时刻，当时我们即将赢下一场比赛，而这场胜利将意味着我将创下男子篮球一级联赛执教胜场数的纪录。

尽管我认为拉伯克市的人们对于篮球并不感兴趣，但是这一特点在2006年的圣诞假期期间还不是那么明显。因为在当时，我们的分区赛季还没有开始，全国的顶尖球队也都处于节日的放松状态，因此大学篮球的关注点在一些无关投票或"四强之路"的话题上——事实上，在执教了优秀的队员和球队四十余年以后，我也用了差不多的时间达到了迪恩·史密斯所创下的879场胜场纪录，后者在北卡大学也执教了优秀的球员和球队。

在一场比赛中，我们在主场迎战巴克内尔大学。这是一支非常出色的球队，他们在中小联盟这个级别上一直是最优秀的队伍之一。他们就是那个时代的巴特勒大学。他们曾经在连续两年的NCAA锦标赛中相继击败堪萨斯大学和阿肯色州大学。ESPN承诺为他们进行全美直播，且无人能够与他们匹敌。我们在主场与之对阵——在爆满的观众面前。我们赢下了比赛。我们打得很棒。每个人都非常兴奋。而人群中的兴奋来自于这样一种事实：这场胜利只是一个"意外事件"，而不是篮球本身。

对阵巴克内尔大学的比赛追平了纪录。在这之后，我们将对阵UNLV①，我们将有机会创造一个新的纪录，但是我们输掉了这场比赛——我们打得并不是很好，不过这场比赛也是座无虚席，球票全部售罄。在几天之后，我们在元旦当天对阵新墨西哥大学，这场万众瞩目的比赛将进行全国直播，并且由迪克·维塔勒进行解说。这场比赛的球票也全部售罄，尽管当时校园里都没有学生来上学。我们赢下了这场比赛，整个球馆都陷入了狂热。我的球队为此感到开心，我认为他们很享受成为整个比赛的一部分。他们感受到，并且确实如他们感受到的那样，自己是整个创造纪录的过程的一个重要组成部分。当时，球队陷入了极度的狂热之中，而我也表现出从未有过的温暖与温柔的人格。

但即便是在狂欢的过程之中，我还是忍不住会去思考这些并不属于篮球本身，而是篮球所带来的"意外事件"。

我在这一天想通了我在此以前所察觉到的问题。是时候选择离开并找到一个更加适合自己的地方了。真的，我指的就是要离开过去的时光。

不要误解我，我深爱着拉伯克的人们——就像我深爱着布卢明

---

① University of Nevada Las Vegas的缩写，即内华达大学拉斯维加斯分校。

顿的人们。我热爱着这个城市所提供的各种非常适合我的活动，包括打猎、钓鱼、打高尔夫，并且在这儿可以找到地方、找到伙伴一起钓鱼、打猎、打高尔夫。

你可能因一些伤感的想法而不知所措：拉伯克的人们非常友善，他们对我真的太好了。在你需要做出人生的决定时，问题在于什么是最适合你的以及怎样的工作可以最好地发挥你的能力。舒适感会影响你的决定，而这一现象总是非常危险的。你需要从理论层面上决定究竟什么是最值得去做的事情，而不是"最正确"的事情。

奈特的箴言

> **我知道现在已经有点晚了，但那个地方看起来真的不怎么样。我们可以在下一个小镇去吃点东西。**
>
> 如果你喜欢加油站的自动贩卖机里的食物的话。
>
> **这条路看起来不滑。**
>
> 等你真的打滑了就晚了。
>
> **这把枪没有上膛。**
>
> 确认一下能花多长时间？

第七章

通向重大胜利的
消极路线

当我离开西点军校并前往印第安纳大学执教时，从表面上看：印第安纳大学长期以来都拥有出色的球员和球队；在整个印第安纳州，篮球是非常受欢迎的体育项目；有许多伟大的球员都来自印第安纳州。所有事实都证明，执教印第安纳大学球队对我而言可能是一个绝佳的机会。

但是，我当时信奉防守才是取胜之匙，而印第安纳大学从来不是因其防守水平而出名的。

我很清楚，我不仅仅是在要求球员们接受一个全新的球队策略，也是在要求球迷接受这一变化。我强调球队的防守与出手选择，与印第安纳篮球保持了几十年的"急行的山地人"传统截然不同。

我有时候会想：

我将要做些什么？

我能获得成功吗？

我觉得，你应该用这种方式打篮球。但是，他们习惯了看另外一种方式的比赛，并且他们喜欢那样。

当时，我真的不清楚人们是否能够接受我们全新的打球方式。我有一个来自布卢明顿的好朋友，我也不清楚后来他说的话是否正确："我都想不出来怎么能够打出那种51比50的比赛呢？"当我们西点军校篮球队以防守水平引领全国时，打出50多分的比赛是司空见惯的事。而对于印第安纳大学而言，这种比分更像是他们的半场比分。而在我来到这所学校之前的十年内，这支"急行的山地人"在对阵双方得分都超过100分的情况下曾输掉8场比赛。

但是，我非常清楚的是，我必须做好那些有益于我所喜欢的打球方式的工作。我所继任的教练——卢·沃森在这之前也执行快攻系统，但是没有人比卢待我更好或者更加欢迎我的到来。在几次午餐或晚餐时，他将我介绍作"将快速进攻从急行的山地人中去掉的家伙"，而我也喜欢这一描述。

我当时并不清楚人们是否能够接受我的篮球理念，但是当时以及后来我都是这样想的：他们到底有多懂篮球？就如何在球场上获得胜利而言，我认为我懂得比任何人都要多。我必须坚持赢球所需要的理念。

我作为印第安纳大学主教练所面临的第一个真正的考验来自我所执教的第四场比赛——在路易斯维尔市对阵肯塔基大学及其教练阿道夫·鲁普，这是我执教的第一场印第安纳大学与肯塔基大学之间的比赛。作为一名曾在西点军校执教的俄亥俄人，我确实不清楚自己对于印第安纳人和肯塔基人之间就篮球排位对彼此产生的憎恨是否足够了解。

我不知道还有没有这样两个临近州的大学球队会从那么早以前开始就成为体育界的宿敌——甚至在他们的球员还没进入大学就形

成了。盛夏时节的印第安纳-肯塔基全明星高中篮球系列赛在美国是无可比拟的比赛。很早以前，国内涌现出诸如达泊尔·丹篮球经典赛和麦当劳高中全明星赛的赛事，但是印第安纳-肯塔基全明星高中篮球系列赛成立于1940年，并且在超过七十年以后的今天，这项赛事还在举办。在开始打大学篮球之前，拉尔夫·贝尔德、瓦瓦·琼斯、克莱德·罗维拉坦、弗兰克·拉姆齐、克利夫·哈根、奥斯卡·罗伯特森、科顿·纳什、特里·狄辛格、迪克·范阿斯戴尔、汤姆·范阿斯戴尔、路易·丹皮尔、韦斯·昂塞尔德、乔治·麦金尼斯、吉姆·麦克丹尼尔、鲍比·威尔克森、达雷尔·格里菲斯、肯特·本森、杰克·吉文斯、史蒂夫·奥尔福德、阿伦·休斯顿、格伦·罗宾逊以及达蒙·贝利……以上所有球员以及许多其他未来的大学篮球新星都曾参与这项赛事。

当我来到布卢明顿时，印第安纳大学和肯塔基大学还没有形成常年的篮球死对头关系。从1944—1945赛季到1964—1965赛季，他们从来没有对阵过。当我来到印第安纳大学时，两支队伍已经重新开始对阵，每年至少会对阵一次。但是，自1943年以来，印第安纳大学都未曾击败肯塔基大学，因此球迷们非常渴望一场胜利。1971—1972赛季的对阵是在路易斯维尔市进行的，而不是在列克星敦市，因为肯塔基大学将在最大的场馆也就是自由山迎接与印第安纳大学之间的系列赛，就在俄亥俄河的对面，对于钟爱红色、憎恨蓝色的印第安纳而言，这意味着最激烈的对抗。

一波三连胜开启了我在印第安纳大学第一年的执教工作——在6天之内分别战胜了波尔州立大学、堪萨斯州立大学以及迈阿密大学俄亥俄分校。这是在全新的大会堂体育馆进行的头三场比赛。我感觉对于我们而言这是一个不错的开始，但是对于印第安纳的球迷而言——尤其是那些来自印第安纳州南部地区的球迷而言——这些学校都不是肯塔基州立大学，而其他教练也都不是阿道夫·鲁普。接下来，我们将奔赴路易斯维尔市，而我们将要面对的对手不仅仅是印第安纳州的死对头，而且可能是山地人们所热爱的篮球国度中最具有代表性的一支球队。

我和我的队员顺着俄亥俄河大桥上的65号州际公路前往目的地。我当时并不清楚我们最好的队员——史蒂夫·唐宁是否能够出场比赛。史蒂夫在一周前对阵迈阿密大学的比赛中伤到了膝盖，并自此以后都没有能够参与一次完整的球队练习。

在这场比赛中，史蒂夫发挥得如同我所要求的一样出色。在这场双加时的比赛中，他打了50分钟，拿下47分与25个篮板。我们以90比89的比分战胜了对手。

有时，在绝对的意志力之下，积极的结果会从消极的条件中产生。这就是当晚史蒂夫所做到的事情。他在精神上足够坚强，战胜了膝伤所带来的糟糕情况。

在这场比赛以后，我就没有再听到有人对51比50的比赛指指点点——在孩子们执行我的战术指令并坚持在每个回合进行4次传球时，可能偶尔还是会有不耐心的老派山地人球迷会大喊"快投篮！"，不过这样做的球迷真的不多了。当球队的成功造就了追随者时，我真的感到非常满足，而且有时会从看球的人群中听到这样的声音："加油啊，小伙子们，**防守**……"或者："该死，**找空位**再投啊！"

我永远都会对史蒂夫以及我执教的第一支印第安纳山地人队心怀感激。当然，这份感恩之情高过对于曾经雇用我的体育部主任比尔·奥维格以及校长约翰·瑞安的感激之情。他们二人曾经做出了一个令人非常质疑的决定：将我带到印第安纳山地人队。那时我仅仅30岁，只有六年的执教经验，尽管拥有不错的战绩，但从来没有将自己的球队带到在印第安纳州以及中西部地区最重要的联赛即NCAA当中。我当时甚至都不想尝试解释我在西点军校期间，为何拒绝了进入NCAA联赛的邀请，转而决定进入低一档的NIT锦标赛。

在那之前的近五十年中，印第安纳大学以及球迷的篮球教练永远都来自印第安纳州，而我来自俄亥俄州，是印第安纳人自我打球的时代起就非常憎恨的地区。比尔·奥维格和瑞安博士仅仅是认为我就是最适合这个岗位的人选就选择了我，而在很多时候，这都不是一个优先考虑的因素。我记得我告诉奥维格先生，并走进瑞安博士的办公室，说道："这还挺有趣的，一个密歇根的家伙（比尔是来自密歇根州的出色的运动员）要雇用一名俄亥俄州的家伙在印第安纳执教。"而他们二人确实受到了许多批评——不仅仅是因为我的出身，还因为我当时只是一个无名之辈，而在我上任前要有许多有名气的人物都可供选择。

为夺冠而用的负向思考力

当回顾过去我会多么频繁地将负向思考力用于比赛战术上时，最好的例子可能是1976年——我执教印第安纳的第五年——在费城的那个夜晚，我们战胜了密歇根并获得了全国冠军。

我们以前无古人的状态进入了总决赛：我们在常规赛击败了对手两次。在这以前，联赛都没有出现过这样的情况，因为当年是首次有来自同一分区的两支球队在总决赛对阵。

我们在布卢明顿市战胜密歇根的那场比赛是非常幸运的。奎因·巴克纳当晚的手感很差，直到比赛的末尾阶段才命中当天的第一个投篮，并将分差追至两分以内。紧接着，对手的一次罚篮弹框而出，而吉米·克鲁斯将即将出界的球救回来并抛向了篮筐，肯特·班森随后命中了压哨球，两队战平。在随后的加时赛中，我们打得更好，并最终以72比67的比分赢下比赛。但对于这场比赛，没有别的词句可以形容了，我们真的非常**幸运**。

现在，我们在总决赛中遇到了同样的对手。为了这场比赛，我从非常消极的角度完成了准备工作。首先，我同我的球员们一同回顾了在布卢明顿市的那场比赛，我重放了一遍又一遍视频，以阐述我们当时的防守有多么糟糕。防守一直是我最关注的环节，但是我们在进攻端打得也非常糟糕，我们的出手非常糟糕。斯科特·梅可能投丢了19球，创造了职业生涯的最差记录。汤姆·阿伯内西、巴克纳以及鲍比·威尔克森合计仅22投2中，而我们的失误次数却高达21次。我们那一场比赛的命中率只有37%，而我们的赛季命中率为51.7%——如果不算那场比赛的话达到了52.3%。当然，我们也要对密歇根的防守进行肯定，但是我们必须在这场比赛发挥得比那一天更好才行。

为了找到糟糕比赛的原因，教练可以变得非常疯狂。我们在那以前曾经在安阿伯市以80比74的比分战胜密歇根，但那场比赛我们一直处于领先地位——从开局的16比2以后就没有再被追上来过。而第二场对决在大约一个月以后的布卢明顿市进行，当时我们还未尝败绩。我们主场作战，球迷们应该也会非常"给力"——教练总是会担心这类事情，我们的球员也认为他们要做的事情就是走上球场并再次击败密歇根。但事实并非如此，而且当天的情况也确实并非如此。我们度过了漫长而又艰难的一天。

接下来是锦标赛的第三场比赛，也就是总决赛。我要在这样的条件下造就积极的结果。为了做到这一点，我采用了一种消极的策略：如果我们是密歇根，基于上一场比赛的结果，我们会认为我们很有机会击败印第安纳。

我的比赛策略是："我们不能像上一场比赛一样打球。如果想要赢球，那么你们每个人都必须倾尽全力。对手根本不是一支弱队。"我严厉地批评了我们的球员。他们在进入总决赛以前击败了罗格斯大学——在那以前罗格斯未尝败绩且排名第四——并且还在联赛中击败了另外两支非常出色的球队，分别是圣母大学（战绩：23比5，拥有全美明星球员阿德里安·丹特利，排名第七）与密苏里州立大学（战绩：26比4，大八分区冠军，排名第十）。我确保我的队员们都清楚这些情况："这支球队非常出色，他们出色到不得不相信他们可以战胜我们。"

在比赛开场后的两分钟，我们失去了后卫球员鲍比·威尔克森，一名能够提升球队防守水平的关键人物。他脑袋重重地击到地板，人直接晕了过去，需要立刻送往医院进行严格的脑震荡检查。

在没有鲍比的情况下我们打得并不好，上半场结束时以29比35的比分落后。在中场休息时，我完全没有提及鲍比——他已经退出了比赛，我们不需要考虑"鲍比不在这里"这一问题，尽管这是一个极端消极的事件。他不仅仅是一名出色的球员，还是所有球员，尤其是梅和巴克纳的亲密伙伴。

但是，那并不是一个为鲍比和我们自己感到伤心的时刻，当时我们需要说的是："嗨，现在在这个房间里的家伙们都要做这件事。如果我们不能像我们能够做到的那样去打球，那么我们将会输球。"为了将这消极的情况转变为积极的结果，我们需要付出的努力不仅仅是要求吉米·克鲁斯与吉米·威斯曼要替代鲍比·威尔克森完成任务，而且是所有人都要一起完成这个任务。我们没能在上半场做到这一点，因此我们处于落后的局面。就算这场比赛不是总决赛，我还是会以这样的方式来解决我们所处的困境，而不会去说诸如"我们会好起来的"这样的话。在这种情况下，我的第一个问题是："我们为何打得如此糟糕？"第二个问题是："我们应该如何修正这些问题？"

当我走进更衣室，我问了他们一个问题："我们是否在倾尽全力地打球？你们当中的每一个人都问问自己。然后，你们作为个体又是否在倾尽全力地打球？好了，我们现在出了哪些问题？我们对于我们在做的事情并不够迅速。我们的切入与掩护都不够迅速。要注重战术的执行，孩子们。如果我们无法提高进攻端的战术执行……我们不可以让密歇根在下半场一开始就压制住我们——我们将很难追上他们。"

回顾我在那个半场所说的内容，全部是关于**如果**、**不可以**以及

不要这些内容。我没有对着他们说："嗨，小伙子们，我们做得还不错。"因为我们并没有做得还不错。"我们会好起来的。"——不，我们**不会**好起来的，除非我们做出一些改变，除非我们能够做出彻底的、快速的改变，否则我们将会发现自己处于无法追赶那些家伙的地步。

我没有冲着球员们大喊大叫。我不断地在说**如果**……**除非**……**不可以**……**不要**……。

我们当时没有让对方得到太多分数：35分并不算多，如果我们能够坚持我们的防守水准，我们还是有可能拿下这场比赛。而我们在进攻端：29分……"如果我们在进攻端的表现和上半场一样的话，我们将不能获得胜利。"在这里，我再一次提到了"不能"这个词。

我们在全场比赛还剩下10分钟时追到了51比51，球员们做到了我们所提出的所有要求。我们在这以后打得非常好，在还剩下5分钟时，比赛基本上已经宣告结束。我们在最后10分钟所达到的专注程度的一个例证是，原本不擅长罚篮的巴克纳在那段时间连续命中了6次罚篮。在其他方面我们也发挥得极其出色。

我们在下半场得到了57分。当时没有任何人谈论这件事情，此后我也没看到任何关于这件事的讨论，但是，下半场的得分——57分——至今没有球队打破，这是NCAA总决赛半场最高得分纪录。

我对此感到震惊，因为那支球队并不是一支以进攻见长的球队。但是这支球队以及球员们之所以能够做到这些的原因是：在巨大的压力之下，他们在关键时刻打得更好，并且能够得到比任何一支球队更多的分数。

试想一下：10分钟内，在决定总冠军归属的10分钟内得到35分，面对一支在比赛中倾尽全力的优秀球队打出35比17的比分。

当中场休息时间结束，球员准备上场前，我对他们说道："我们还有20分钟的时间打出自己的最高水平。如果我们打不出自己的水平，那么我们将会成为又一支在NCAA锦标赛中被打败的球队。但是，如果你们在这20分钟内打出了自己的水平——**如果**——你们将会成为载入史册的球队。你们将会成为人们永远都无法忘记的球队，不仅仅是因为获得了总冠军，还因为我们在这个赛季未尝败绩。"

到现在已经过去将近四十年了，但从来都没有任何一支球队曾经接近过他们曾创造的辉煌。

而且，人们——尤其是印第安纳州的人们——确实没有忘记他们。当然，我意识到那一天的比赛其实取决于进攻，而非防守。

关于迈克尔·乔丹

即便有违一些我最基本的认知，但是负向思考仍旧是我赢下另外一场NCAA总决赛的关键，尽管看起来天赋出众的球员都在对面球队——一支极其训练有素的球队。

在1984年的亚特兰大，印第安纳大学与北卡罗来纳大学在第一场分区赛中相遇，而我也是在那时知道了迈克尔·乔丹的存在。

我们那一年打得并不算出彩，但他们打得很不错。在赛季末，他们高居全国第一，乔丹也荣膺当年的年度最佳大学篮球球员称号。尽管他非常优秀，但是北卡大学当时拥有不止他一名出色的球员。当时我同样了解到另外一位出色的球员——萨姆·帕金斯，他在这以后成为了梦之队的首发球员并成长为杰出的NBA球员。当时在这支球队的詹姆斯·多尔蒂还很年轻，后来成为了NBA的首轮秀球员。特里·霍兰德（弗吉尼亚大学教练）认为这支北卡罗来纳大学可能是大学篮球史上最出色的球队。

负向思考在我备战这场比赛时发挥了显著的作用，尽管以一个未曾想到的方式起作用，与我在那一周对球队所说的内容也截然不同。我记得不是特别清楚了，但别人告诉我，我在那个比赛周召开的第一个比赛会议上，走向黑板并说道："我们要击败北卡，以下是取胜的方法。"如果果真如此，那还真是不同寻常，不过我们当时面临的也是不同寻常的挑战。

我所表现出来的任何形式的乐观主义，背后都是负向思维在发挥作用。首先，在那场比赛中，我深知我们是无法阻止乔丹的。而且，如果按照北卡的节奏——快速的比赛节奏——来打的话，我们也肯定不是对手。迪恩·史密斯是史上最出色的教练之一。他的队伍永远都处于做好充分准备的状态，并且总是能够高效地执行战术。显而易见的是，他们很享受并且非常擅长打出快节奏的比赛，在进攻端和防守端都是如此。

在第一天对球队的讲话中，我首先谈到了乔丹："有两件事是我们不可以让他做到的：我们不可以让他抢到进攻篮板，以及我们不可以让他溜底线。"

在这场比赛中，一米九六的大三球员丹·达基奇非常出色地完成了这一任务。

当然，他在场上获得了帮助。在第一天我对球队说过："现在，我们不会从每个方面都来阻止乔丹，但是当他开始运球，看起来要尝试突破时，我们必须有第二名防守者进行协防。一旦他手上的球落地，第二名防守者就必须放弃自己正在防守的球员前来协防。"对我来说，这真的是一个消极的方法：安排两名队员去阻止一名球员的突破。

"我们要迫使他在外线投篮，因为如果我们不这么做的话，他将获得更好的突破与抢篮板的机会——他将切入底线并得分。"

简而言之，我们必须阻止乔丹做他最擅长的事情。对此，我们在场上最优先的两件事情是：我们不可以让他溜底线，以及我们不可以让他抢篮板。

而我们也不可以仅仅打出往常的进攻水平。

我们并不是一支以快节奏打球的球队，而我也不认为在这场比赛中我们能够大幅度降低北卡的节奏。我们确实为这场比赛强调了往常一直注意的事项：高质量地处理球。我们是一支以良好的处理球见长的队伍，但是迪恩·史密斯手下的北卡在防守端总是会采用陷阱或包夹战术：当我方进攻球员传球时，防守球员立刻放弃自己对位的球员去追赶这记传球，试图让接球人落入陷阱，最终将这记传球破坏为一次坏球。在场上拥有出色的运动员的前提下，这一防守策略以及由此产生的对手进攻失误能够显著提高他们在进攻端的表现。

我们改变了策略来应对对手。我们放弃惯用的切入与挡拆的进攻策略，转而要求每一名接到传球的队员都清楚其他队友的位置，并准备随时向其中一名队友进行快速传球。在那一晚，我们的关注点在于寻找因北卡大学的双人包夹策略而势必出现的空位。我认为，我们的队员能够正确地处理球的能力，是我们当晚能够以72比68的比分爆冷击败对手的最大原因。

我们并没有犯太多错误，并且得到了很好的投篮机会。史蒂夫·奥尔福德当时还只是一名大一球员，而他在这场比赛中得到了27分——很多得分都是因为对手包夹我们的持球人，从而放空了我们球队这名最好的投手。

于我而言，减少惯用的空切与挡拆策略是负向思维的终极表现。我并不认为我们在面对那样的防守下能够打出很高的效率。在那一晚，放弃我们的强项起到了非常积极的效果。NCAA锦标赛的魅力在于你不需要在七局四胜的赛制下击败对手，仅仅只需要击败对手一次就够了。实际上我们在整场比赛中都能够保持持续得分，并且在终场前几分钟都遥遥领先对手。最后的几分钟非常漫长。在最后几分钟内我们投丢了几次罚篮，但我们还是命中了足够的罚球以抵挡北卡在最后发起的猛攻。

对抗长人的矮个后卫

在1981年的NCAA总决赛上，我们还曾在费城——就在光谱球馆对阵另外一支出色的北卡罗来纳大学队，我们曾于1976年在这里获得了总冠军。在1981年的总决赛中也出现了负面的情况以及一些负面的思维，最终我们以63比50获胜。

而这一次所面临的负面情况比篮球比赛本身要严重得多。在比赛开始的6小时以前，在华盛顿的一所酒店外，罗纳德·里根总统遭到了枪击。

当消息传出来时，我们正全身心投入于比赛的准备工作当中。我记得我们直到当天下午3点钟才知道这件事情，而当时白宫正竭力发出稳定民心的消息：总统先生并未处于危险，此次射杀并未造成威胁生命的损伤，他本人以及国家都非常非常幸运……

这则消息其实是假的。总统实际上差一点就面临内部出血的重大危险，但是出于国际安全的考虑，直到几年以后人们才得以知晓这一事实。同时，北卡罗来纳大学与印第安纳大学的校长会面并决定——基于华盛顿对于里根先生发出的积极声明——NCAA总决赛将如期举行。

迪恩·史密斯与我无从知晓这些转移注意力的事情多大程度上影响了我们的队员。如果我曾在那场比赛的赛前讲话中提到了这起刺杀未遂事件的话，我肯定我只是这么说的："嗨，我们接下来要打一场比赛了。"我将注意力集中在篮球上，并且我确信队员们——我们的队员以及北卡的队员——也是如此。他们的青春是非常宝贵的。虽然我们不断向球员们保证比赛的安全，我认为我们的球员也并没有像许多成年人一样受到了该事件的影响。

这场比赛本身带有非常规的元素。我们将全国最出色的后卫伊赛亚·托马斯（他仅仅在我们球队打了两年的时间）安排在低位，背对篮筐在罚球线附近走动，而这一带往往是中锋活动的区域。

我们并没有特意制订这样的战术，但是我们在一些常规赛比赛以及许多训练当中尝试过这样的战术。这很重要。当你全面地练习过惊喜，那么它就成为了很棒的武器。没有经过练习的惊喜则容易引发灾难。

在那个区域，对手很难防守伊赛亚。对手并不是特别习惯防守他的背筐，尤其是伊赛亚具有极其出色的控球能力，能够非常敏捷地从任何方向带球冲击篮筐，并且当投手在中距离获得空位机会时能够出色地将球传出来。

比赛上半场，他在常规区域打球，得到4分。下半场，他砍下了19分，我们也将27比26的半场比分扩大到最终的63比50并赢下了比赛。我基本上不认为他们能够在内线阻止伊赛亚的发挥，而事实上他们也确实做不到。

最终，他被选为本场比赛的MOP①，而他当选的主要理由是下半场开场阶段两记转化为上篮的抢断，这两次抢断为我们扩大了领先优势。但是正是因为他——一名一米八六的后卫——在低位面对诸如詹姆斯·沃西、萨姆·帕金斯（他们日后都成为NBA全明星球员）这样的巨人的表现，我们才能够派出第三名后卫（吉米·托马斯）在场上。吉米在防守端有着出色的发挥，对对方的前场球员艾尔·伍德的防守非常成功，后者曾在四强赛中面对弗吉尼亚大学砍下了39分。在我们最后两场比赛中，吉米都能够从板凳席上挺身而出，最终也被选入四强赛的第一阵容当中，而在此之前很少能够有非首发球员获得这

---

① 最杰出球员奖（the Most Outsanding Player），NCAA四强赛中选出，一般颁给冠军队中的球员。

样的殊荣。

　　凭借更小、更快的阵容，我们成功切断了北卡大学的快攻，并且从防守端拿下了比赛。针对伊赛亚在低位的表现，球员们后来也强调了这一举动打乱了防守对位。

一个因负向思考产生正向结果的周末

　　在印第安纳大学获得第三个全国总冠军时，产生了一系列因有意违背我最基本的打球理念的积极结果，而这对于任何一名领导而言都是最困难的事情——尤其对于像我这样坚持己见的人。

　　这发生在1987年，不仅仅涉及一场比赛，而是两场：在新奥尔良十万人体育馆所举行的半决赛与总决赛。每场比赛都出现了各自的窘境。

　　在周六的半决赛中，锡拉丘兹大学首先进行比赛，对于击败对手（本年度与对手的第三次对阵）——来自大东区的普维敦斯学院可谓是志在必得。我们来到旁边的场地，准备迎战全国排名第一的球队：UNLV。

　　杰里·塔卡尼安是一位极度强调防守的教练，而当年的UNLV在攻防两端都是非常难缠的对手。这支"奔跑叛逆者"队在那个赛季以场均92.6分领先球队场均得分。经过几年的磨合，我们当时通常会在比赛中放慢节奏，通过挡拆与空切发动进攻，旨在使最好的投手能够至少在一半的比赛时间中获得空位机会。我们几乎在每场比赛中都是这样计划的。

面对UNLV，我们确实是一支不错的球队，一支受到尊敬的球队——赛季战绩是29胜4负，且获得了大十联盟的冠军。但是，我们清楚，在那一年，相较于我们球队往常的特点，也就是防守，我们更需要的是我们的投射以及有序的进攻——并不是说我改变了我的偏好，而是在那一年，投射才是我们的优势。

那些扮演我现在的角色的家伙们——出现在报纸或电视上的所谓的"分析师"——都认为，我们在总决赛中取得胜利的唯一机会是，能够打出类似"猫戏老鼠"的比赛，也就是降低UNLV的比赛节奏并使他们感到不适，而我们则需要打得非常谨慎，利用当年在大学篮球中产生的新技术也就是三分球以及我们球队中最好的三分球投手——史蒂夫·奥尔福德。做到上述这一点的同时，还需要做到另外一点：打出维拉诺瓦大学式的比赛，就像他们在1985年的总决赛中对乔治城大学所做的那样，命中几乎每一记投篮。

在许多其他的比赛中，我会非常认同这种比赛方式，会认为在比赛的大部分时间中把球权控制在自己的手上是对阵一支有天赋且节奏较快的球队的最好方式。但是，这一次我却没有这样想。我看UNLV的比赛录像越多，我就越意识到我们不能够以那样的方式去打比赛。我意识到我们无法通过那样的方式赢下比赛，因为他们的防守。

我认为我们赢下比赛的机会在于利用他们的防守——如果我们的比赛节奏很慢，那么对方那些高大的运动员会凭借高质量的防守将我们生吞活剥，我们将很难找到得分的机会。我们的传球次数越多，对方把球断掉的风险就越大。这是我所提出的负向思维，与我通常制订比赛战术的想法完全相反：我认为我们必须按照对方喜欢的节奏来打比赛——非常快的节奏——并且拿下非常高的分数，当然同时也可能失掉很多分数。

现在，比赛的战术已经制订好了，但如果球员们不能很好地执行，最好的战术也将失去意义。尽管我们暂时放下我们的"4次传球"原则，但孩子们依然凭借谨慎的投篮选择达到了61.7%的投篮命中率（至今都是最终四强赛的最高纪录）。

UNLV是一支不断投三分球的球队（曾创下四强赛出手35次三分球并命中13球的纪录，而他们的后卫球员弗雷迪·班克斯一人便命中10记三分球）。

我们呢？我们在当晚仅出手4记三分球，全部由奥尔福德投中，他全场命中2记三分球并砍下33分。我们失掉了93分——这一数据在其他任何一场比赛都能够使我抓狂——但是我们砍下了97分，而这一数据是帮助我们打入总决赛的非典型数据。

很好！那一晚的比赛对于我们的小伙子们是多么鼓舞人心。在大学篮球最闪亮的聚光灯下，我们击败了排名全国第一的球队。

但是……

我们的球员累了。他们感到非常高兴，但是在情绪上已经疲惫了。而我们还有一场比赛要去打，而且将马上进行。

这场比赛，便是总决赛。

我的"上一场-下一场"比赛理论——将重大的胜利立刻置之脑后，转而关注下一场比赛——从未面临如此艰巨的挑战。

于我而言，这并不是一个问题。与UNLV对阵的比赛结束后，我立刻想到的是我们还有一场比赛要打，而锡拉丘兹大学在吉姆·博海姆的执教下发挥出色，也拥有众多出色的运动员。锡拉丘兹大学的天赋不像UNLV那样广为人知，因为后者坐拥联盟第一的战绩，但是锡拉丘兹大学的3名首发球员（两米零八的前锋德里克·科尔曼、两米一三的中锋罗尼·赛科利和后卫谢尔曼·道格拉斯）后来都进入NBA并拥有十年以上的职业生涯。

我是一名教练。我希望能够立刻开始着手准备应对锡拉丘兹大学的策略，并考虑如何应对博海姆的区域联防战术，他的区域联防是全美最出色的。一直以来，他都能够使他的联防战术内化于球队，因此在那以前以及近些年来锡拉丘兹大学都是最难缠的对手之一。

但是，我也清楚，在训练场上进行刻苦训练的是我的队员们目前（在刚刚结束与UNLV的比赛后）所做不到的。在那场周六晚上的比赛后，我在更衣室里看着他们，我看到的只有疲惫——当然也有高兴的情绪，但更多的是疲惫。在总决赛之前的48小时内，我们没有进行任何的训练。我们会召开球队会议，回顾我们希望做到的事情。但是我们不会到场上训练。对我来说，这达到了负向思维的顶峰：对，我们需要备战锡拉丘兹大学的比赛，但我们就是做不到。

在比赛当中，他们发挥得很出色。他们在下半场的大部分时间都处于领先状态。基斯·斯玛特打出了许多好球使我们没有被拉开比分，但是有一球对对方最差的罚球手犯了规，而当时我们还落后一分，比赛时间还剩下不到30秒。被犯规的是科尔曼，当时还只是一名大一的球员，但已经是一名出色的选手。他错失了罚球，我们抢到了篮板，然后……

又一个消极的方法。

每个人都会在那个时间节点——落后1分，比赛时间剩下不到30秒，触手可及的总冠军奖杯——叫暂停，并根据教练所想来制订一个关键球战术。

我们在这一回合中拥有球权，而我们在过去的一年中都在努力练习在这样的情况下球员能够明白我们想要做什么，我们明白他们会用哪种防守策略——我们处于最好的位置来决定自己的命运。我们按照我们通常的做法进行比赛，尽管这是总决赛，但我对此感到满意。我一直认为，对抗比赛压力的最好方法是保持常态。

教练只有在做梦的情况下才能使场上的5名球员在那样的情况下都能做到这一点。在我执教的超过1,300场比赛中，我找不出一个比1987年NCAA总决赛更好的例子了，基斯·斯玛特在比赛还剩下5秒钟时命中了投篮，将比分扳成74比73，为自己在大学篮球历史上留下了不可磨灭的一笔。

人们称之为"最后一投"。我爱基斯。他是一名出色的年轻人，后来成长为一个很棒的家伙，成为了一名NBA总教练。但是，在我心中，另外一个进球比"最后一投"更加意义深刻，而我甚至都不认为基斯是这场比赛的英雄。达里尔·托马斯才是。"谁？"你们这些大学篮球爱好者肯定会这么问。而且，所有基于负向思考的决定甚至比达里尔本身的角色更加重要。

一个有违一般思维的做法是：当比赛非常胶着时，将球交到最好的球员手中。我们在场上有史蒂夫·奥尔福德，全美最佳投手。我们还有基斯·斯玛特在场上，在最后11分钟的表现非常出色——砍下了

15分并有两次助攻入账。当比赛非常胶着时……我们没有将球交到这两个人手中。

我们的第三后卫，乔·希尔曼，一名替补球员，一名来自加州的意志力强大的大二球员，不慌不忙地将球运到左侧——比赛时间还剩下20秒……

15秒……

每个人都知道我们希望能够为奥尔福德拉开空间，他切入到锡拉丘兹的联防当中，通过掩护移动到右侧，这时锡拉丘兹的注意力全都在他的身上。别搞错了，我们也希望他能够去投制胜球——如果他获得空位的话。锡拉丘兹大学确保在高强度的防守下他无法获得空位机会。

因此，希尔曼和斯玛特在顶弧运球，根据负向思维，决定放弃奥尔福德，将球传到内线的达里尔·托马斯——比赛还剩下10秒钟。

思考一下托马斯的情况。哪个在美国的孩子没有幻想过能够得到这样的机会？总冠军近在眼前，只落后1分，球权在手，有机会命中制胜球……

达里尔背对篮筐，判断了一下情况，认为在科尔曼和赛科利的包夹下没有很好的出手机会。所以，他做了一次投篮的假动作，并向斯玛特传出了击地球，后者也做了一个漂亮的假动作冲到罚球线附近，紧接着快速转向底线获得了一个4.5米的空位跳投机会……就是一次普通的进攻，就像我们一直所努力做到的那样。

我的关于出手选择的理念是，将我们选择的出手限制在球员通常能够以至少50%的命中率命中的选择上。正因如此，我认为基斯·斯玛特的那一次出手很特别——在我们整个赛季中最关键的时间节点，他选择出手这次很棒的投篮，并且我们的球队也为他制造了机会，使他很有可能命中这次出手。这一记进球，不是奇迹，也不是意外的投篮，就像我们一直努力去做到的那样。这一记投篮，以及所有为此付出的努力，是我能够给出的关于纪律的准确定义。达里尔的传球是最关键的，基斯对科尔曼的犯规则是第二重要的。

那么基斯的那一记投篮呢？

"最后一投"——尽管不是一个非常高难度的投篮——是一记非常出色的投篮。这记投篮空心入网，并且射落了全国总冠军，而基斯·斯玛特出手的身姿将永远成为整个NCAA锦标赛的图标。但是，最重要的是，达里尔意识到了他当时并不能够完成一次很好的投篮。

这一决定是我们在那个周末所做出的最后一个负向思维的决定，而这一决定造就了整个最后的结果：

对UNLV采取炮轰战术，避免用我们平均水准的防守来对抗对方高水准的防守；

取消总决赛前的训练，转而强调休息的重要性；

没有在比赛快结束时叫暂停；

最后一个回合由并不被看好的希尔曼发起进攻，由奥尔福德进行空切来吸引防守压力，托马斯将球交给内线，转而交到斯玛特的手上，并完成"最后一投"。

这支队伍并不是最出色的印第安纳大学队，也不是我们获得的最令人印象深刻的冠军。但是这一次夺冠在我心中地位很高，是因为我很欣赏在最高级别的压力之下，球队能够按照我们所希望的方式打出了执行力。而这一切的根本在于：球队消除了错误。

说起裁判……

我应该可以在引导裁判方面称王了，但其实事实从来都不是这样。我记得每一年我们的球队在大十联盟都是得到技术犯规最少的球队。我听一些教练（还有许多电视专家，他们当中有一些人曾经是教练）说过有一些教练会在比赛中故意被吹罚技术犯规，从而燃起球队的斗志，或者影响比赛后续的吹罚尺度，或者为了别的什么精神层面上的东西。而我就知道两件事情：第一，在我整个职业生涯中，我并没有获得像人们想的那么多的技术犯规；第二，我从来不会故意得到技术犯规，不管出于什么原因。

至于引导裁判？

我对于优秀的裁判从来都是充满敬意，而他们也知道我认为优秀的裁判都是无价的，如同凤毛麟角一般。

情境思维

1976年威尔克森的伤病，1981年里根的遇刺，1987年率领一支疲惫的球队征战总决赛——这些都是负面的情境，而不是负向思维的运用，这二者之间有很大的区别。能够在负面的情境中想办法得到正面的结果，这本身就是一种令人欣赏的艺术。

我们都曾看到过，一些身患严重肢体障碍的人士能够设法克服自身障碍，并且继续他们的生活。那些在生命早期失去某些感官的人——通常是失明，有时也会是失聪，或者是二者都有——通常会通过将其他感官提升至相当高的水平来弥补自己的缺陷。我有一个朋友开了一家贩卖打猎和钓鱼设备的商店（我很喜欢这家店），他给我描述了他曾经雇佣的一位员工——他双目失明，但是他能够准确无误地完成商店的结账工作。

有一次，我的朋友从他的办公室看到有一位女士拿着她想作为丈夫的生日礼物而购买的鱼竿和卷线器走向那位盲人。当她意识到他是盲人时，她后退了几步，感到不知所措。但是他意识到了这位女士的存在，按照平常的习惯说道："我没事。把你想买的商品交给我，我会处理好的。"她照他所说的做了。他将鱼竿和卷线器拿在手上，说道："这是莎士比亚牌6尺弹性钓鱼竿，25美元。这个是加西亚·米切尔牌308卷线器，15美元。"

女士感到惊讶不已。她弯下腰捡起地上的钱包来付款，但是突然感到不适，便竭力控制自己不要放出很响的屁。她涨红了脸，站起来，环顾四周，发现周围并没有人，便冷静下来。她掏出支票簿，问道："好了，总共多少钱？"

"45美元。"收银员回答道。

"等等，"她说道，"我觉得你刚刚说的是40美元。"

"那是，"他回答道，"在你添了一个鸭鸣器之前的价格。"

鸣叫的技术

借这个话题，我谈谈时间如何改变了我。我喜欢钓鱼，这一点未曾改变。我喜欢打猎——我只打在天上飞的鸟类动物，从来不打地面上的动物。随着时间的推移，我逐渐形成了打猎火鸡的爱好。打猎火鸡的技术在于叫声，模仿雌性对雄性发出的寻求交配的叫声，我逐渐地掌握了这门技术，而且我的技术太过出色，导致整个活动的意义都发生了变化。我无法用言语描述，在一个怡人的春日，找到一个合适的狩猎点进行蹲守，然后开始模仿火鸡的鸣叫，是多么的令人愉悦。我耐心地、巧妙地发出叫声。然后，一只火鸡发出了回应！一只雄性火鸡听到了我的叫声并且给出了回应。它开始往外走，向这边走过来了。现在，关键在于要让它不断地走过来，不断地引诱它，使它离你越来越近，越来越近……在空旷的土地上，它正在兴奋不已地想象着接下来即将发生的事情……然后：

当它走过来时，就"砰"的一响！在正确的条件下，包括将这只火鸡引诱到足够近的位置上，我有足够的准备，让我的面前躺着一只死了的火鸡。

但是，我现在逐渐发现，通过模仿鸟叫的技巧，将火鸡引诱至开阔的土地，使之朝我不断移动，并在此时立刻结束这场"游戏"，同样有趣，同样很有收获——没有开枪，没有杀它。 这些都不需要。我已经赢下了这个游戏。我已经毁掉了这只火鸡一天的心情。我不需要杀掉它。我不喜欢处理死了的火鸡。我不喜欢拿死了的火鸡做菜。如果我想吃火鸡的话，我可以去商店买一只来吃。

奈特的箴言

别穿外套了——今晚天气会暖和的。

好吧，所……所以，我并不是天……天气预报员。

把你的钱投进去，这肯定是一匹黑马。

哦，好吧，我们可以在下一场比赛再押这匹马。

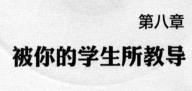

第八章

被你的学生所教导

在罗杰斯与汉默斯坦所创作的音乐剧《国王与我》中，朱莉·安德鲁斯所饰的安娜扮演一名来自英国的教师，她被请来担任暹罗王的孩子们的教师。她唱着《渐渐认识你》（*Getting to know you*）这首歌登场，其中有一段非常棒的歌词：

> 这是一个非常古老的故事
> 但是是一个真实而又诚实的想法
> 如果你将成为一名教师
> 那么你将被你的学生所教导

像安娜一样，有一次，我也被我的学生教导了——至少是呈现了——些非常重要的东西。

20世纪70年代中期，当时我们正备战于12月进行的与圣母大学的比赛，后者是一支非常出色的队伍。我的多年好友蒂格尔·菲尔普斯教练指导他的球队演练了多种类型的防守策略。我们搜集了他们的资料，并且相对应地制订出不同的进攻策略。在比赛周的训练中，负责为这场比赛进行信息搜集工作的助理教练鲍勃·邓华德在场上同球员一起模拟圣母大学的防守，使球队的首发球员们能够意识到对方正在采用哪种防守策略并找到对应的方法。

其中一名首发球员——奎因·巴克纳，他不参与特定的指导环节，而那时我就站在他的旁边。他在聆听并观察了一段时间以后，问道："教练，您可以告诉我这些防守策略之间究竟有什么区别吗？"

那真不是自作聪明的话语。我立刻意识到，我曾执教过最聪明的球员之一表示而非提问：在非常有限的情况下，辨别这些防守之间的区别很难，而这将可能导致潜在的混乱与错误。我几乎在他刚问完这个问题以后便立刻停止邓华德继续带领球员进行练习，并且告诉我的球员们："无论对方采取哪种防守策略，我们都将这么做。"

我们选择采用一个基础的战术，使我们在面对对手四种防守策略时只产生了一次失误，并且最终赢下了比赛——因为巴克纳意识到了一个消极的问题：他无法在足够快的时间内找到重要的区别。而且，他有很高的智商来提出这个有价值的问题。

就像巴克纳所表现出来的那样，作为教练你能感到最高兴的事情之一，便是你的一名球员能够在你的执教内容中记住一些事情，并且在你没有要求的情况下主动做到一些事情。

球队在巴克纳以后完成了几乎新一代的成员更替后，我们在1992

年打入了NCAA最终四强赛。我们将在阿布奎基市对阵UCLA^①，我们在三个月以前的赛季首场比赛（在马萨诸塞州斯普林菲尔德市的中立球馆举行）中以72比87的比分不敌对手。对我来说，与同一支球队重复对阵通常并没什么压力：这是一场全新的比赛，比赛环境完全不同，并且这一次我们有相当大的胜算。但是，这场比赛却给我留下了留下了难忘的回忆。

在比赛前一天的午餐会上，演讲者是我的好朋友——前任凯尔特人主教练"红衣主教"奥尔巴赫。他在舞台上告诉UCLA，他们非常幸运能够在当时对阵我们印第安纳大学，因为这支球队在打完整个赛季以后，将变得更加强劲。我们这一次的状态确实更好了，不过UCLA自从上次对决以后状态也不差，志在获得太平洋十校联盟的冠军，赛季战绩为28胜4负，是所处分区的一号种子球队。

我曾执教过印第安纳大学的其他球队，但几乎没有哪支球队能够像当年那支印第安纳大学队那样回应挑战。挑战从前一天便出现了。我们在星期四晚上同佛罗里达大学进行了一场身体对抗强度非常高的比赛。在两场比赛之间的星期五，我们可以在比赛场地进行赛前训练，但是我问我的球队："你们是希望进行训练，还是希望休息？"我很清楚我的球员为了赢球愿意做任何事情，但我也相信他们很诚实。高年级学生格雷格·格拉汉姆直接回答道："教练，我认为我们今天最

---

① 加利福尼亚大学洛杉矶分校（University of California, Los Angeles），简称UCLA。

好选择休息。"

第二天下午，我们在比赛一开始便压制住了UCLA，并且将优势保持到了中场，比分达到了44比29。

心理战

在出色的上半场比赛行将结束时，我产生了这样一个想法：我想玩一场小小的心理战。在位于阿尔伯克基市的梦时代体育馆，两支球队都必须爬楼梯才能返回更衣室。半场结束时一名裁判吹响的哨声吸引了我的注意力，使我表现出对刚刚那个想法的感受，但我却忘记自己想要求队员做什么事情了。

但是我抬起头看到了卡尔伯特·钱尼，他是这支球队的老队员了，他读懂了我的心思。卡尔伯特带着我们的队员玩命冲上了台阶，将UCLA的家伙们甩在了后面，让自己看起来精力非常充沛，仿佛比赛根本都没开始一样。在落后对手15分并看到对手看起来如此精力充沛的情况下，我认为那些UCLA的队员肯定会在想："你这是在和我开玩笑吧？"我们的队员在开始下半场比赛时也依旧如此精力充沛，并最终以106比79的比分近乎完胜这支联赛有史以来最出色的UCLA队。而这些事情完全都是卡尔伯特自己主动去做的。

卡尔伯特·钱尼可能是我能想到的第一个例子，用来反驳某些人曾经说过的那些令人质疑的格言中的一句，而我们曾经还欣然接受了这种论调：**领袖是天生的，后天无法培养。**

卡尔伯特·钱尼刚进入球队的时候是一名出色的篮球运动员，

在一群杰出的新生当中脱颖而出，但是离成为一名球队领袖还差得很远——他是一个很安静的孩子，默默地努力提高自己以成为球队的领袖，最终成长为我曾执教过的最出色的高年级球队队长之一。他也是最出色的球员之一——在大学四年级时荣获大学年度球员称号，并且在毕业后的近二十年都无人打破他所创下的大十联盟职业生涯总得分的纪录。我记得许多他在篮球方面做出的杰出贡献，但是没有哪件事能够像那一次一样——在半场结束时带领球队冲上台阶，以无言的形式给予UCLA一个老派的娱乐圈式的难题：好戏还在后头呢——令我能够发自内心地笑出来。

第一印象的谬论

卡尔伯特还打破了另一个我们一直听到的一句格言：**第一印象是最持久的**。

我并不是完全否认这句话。我认为在求职或者将自己介绍给他人的过程中，尽最大努力来给对方留下好的印象是很重要的——并不是虚伪地去做，而是尽力去做这件事情。就卡尔伯特和我而言，当我第一次见到他时，他有多么的光芒四射并不重要。我在那以前看到了许多关于这名左手将的积极的报告。他当时在地处印第安纳州西南地区的埃文斯维尔·哈里森高中打球，因此我飞到他的学校观看他们对阵贾斯珀高中的比赛。我之前听说他是一名出色的投手。但是，在那一晚，他手感很差并且出手次数太多——我总是说他那一晚是20投3中的数据，他说是，那一晚确实很糟糕，但应该是25

投7中的样子——可能他说的比赛数据才是对的，因为他当时实在没给我留下什么印象，而且场地离我家也实在太远，因此我在比赛第三节后便离开了。我告诉我的教练团队以及卡尔伯特的教练，我们是不会招募他的。

这是二月份的事情了。到了当年的夏天，我和我的教练组讨论并浏览那些我们希望获得的球员，而印第安纳在那一年的前景是非常好的。这时，一名教练组成员说道："我知道您看过他的比赛并且不喜欢他，但是目前最出色的球员就是卡尔伯特·钱尼。"我们又看了一下，感觉他就是我们确实希望招募的球员，便又开始考量他，并最终得到了他。

这一次经历让我永远不再相信我曾经可能听进去的"第一印象是最持久的"这句鬼话。仅仅是看一眼或者瞥一眼不可能总是帮助你来衡量一位待招募的篮球运动员或者潜在的雇员。当出现任何疑问时，请继续观察。并且当出现了合理的理由时，请乐于改变自己的想法。

卡尔伯特·钱尼初到印第安纳大学时已经是一名出色的选手，而在这以后进一步得到提高并不是一个例外事件。作为一名教练或者领导，你可能会遇见一些人在所有方面都已经非常优秀了，不需要再去努力或者提高了。但我从来没有遇到过这样的人。在1984年的国家队上，我执教了迈克尔·乔丹。他非常出色，是我执教过的最强大的球员，但是他并不是一名出色的投手——在当时。他是一名出色的运动员，拥有惊人的得分、篮板、防守以及奔跑能力，拥有所有定义伟大的篮球运动员的技巧。作为一名职业运动员，他将自己的投篮技术提高到出色的水准。显然，投篮并不是他做不到的事情。那需要付出努力，并且他也因此将消极的事物转变为积极的事物，就像卡尔伯特·钱尼在领导力方面所做的一样。

如果还没坏，那就修好它

我一直认为，比起积极思维者，对比赛持消极态度的教练更有可能在比赛中期或后期做出好的改变——按照电视访谈节目的说法应该叫"调整"。我认为积极思维者倾向于过久地坚持自己原有的想法——他们自己知道——认为原有的想法足够赢下比赛。

对我来说，"如果没坏，就别修它"这句格言太过积极，因为从一些重要的战术层面来看，末尾阶段的比赛是完全不同的。克莱尔·比——他的执教胜率高达82.6%，是大学篮球历史上的最高纪录——曾经告诉我，他希望自己的球队在半场时能够落后对方一两分，因为"当他们落后的时候，他们会听得更认真"。我倒是从来没有那么极端过，我偏向于在任何时刻都处于领先状态。

但是我理解他的意思。作为教练我曾遇到过的最艰难的情况是：我的球队在上半场发挥得非常出色并取得了巨大的领先优势，但是最令我感到痛苦的是，我们在半场时建立的15分或20分的优势因为下半场糟糕的发挥而白白浪费。我确实输过很多球，但是以这种方式输掉的比赛最让我难以忘怀。

类似的经历解释了为什么我从来都不会在出色的上半场后说类似"继续保持，小伙子们！"这类话。即便球队打出了我执教以来最为出色的半场比赛，我还是会指出一些他们可以做得更好的环节，或者他们需要在下半场注意的问题。几年前，我曾经为美汁源拍摄一条电视广告。广告的中间部分，我的球员们以极其出色的表现结束上半场并走进更衣室。我用一个大大的微笑、香甜的饼干和温柔的话语招呼他们。我当时必须提前两天奔赴洛杉矶来准备这个广告的拍摄。这条广告让我获得丰厚的报酬，不过我当时对球员们的表现真的值得为我颁发一座奥斯卡奖杯了。

无论比分如何，我总是强调下半场一开始的5分钟是全场比赛最关键的阶段。很多时候，比赛的基调都是在这一阶段形成的，并且很多时候——除非半场比分明显地拉开——这个阶段都有可能出现逆转的情况。

我从这些比赛当中所获得的教训是：永远不要满足于打得不错，永远要追求打得更好。

赢下球队犯规数量

时机意味着一切。我不会对这句格言产生异议，因为这适用于任何类型的领导进行运作的过程。

篮球比赛的最后5分钟具有独特的重要性。无论我们在那之前采用了哪种比赛战术，如果我们在全场比赛的最后5分钟阶段仍处于领先状态，我会希望我们能够利用这一优势，并且让时间成为我们的队友。我希望忘掉投三分球，希望消除快速出手（毋庸赘言），希望能够少考虑跳投，而是尝试带球冲向篮筐并完成上篮或者创造罚篮。我认为在胶着比赛的末期得到罚篮机会是赢下这种比赛的关键。

从本质来看，这是一种消极的策略：当我们在一场比赛的后期拥有球权以及领先优势时，我们最大的目标不是得分。我们不用着急，我们要去消耗时间，让我们的球员离开底线，为我们的持球手拉开空间并尝试突破——在每次进攻当中寻找制造犯规的机会并努力将球打进，或者给空位球员传一个吊球。我们消耗的时间越多，落后一方就会越焦虑。焦虑的人会犯下很多错误，而我们会得到许多罚篮机会。

在任何一场比赛中，我总是希望我的球队能够在制造犯规数量方面赢过对手，成为场上首先执行"1+1"罚球（当球队在半场时间内累计超过6次犯规）的队伍，以及首先执行2次罚球（当球队在半场时间内累计超过9次犯规）的队伍。我认为这是大学篮球比赛中最被忽略却又是最为重要的环节，因为造犯规不仅仅能够增加记分牌上的分数，还能够将犯规数累积在个体球员身上，使他们被迫回到替补席上。对方的关键球员坐在板凳席上所流失的时间，对我们而言是非常重要的（反之亦然）。这是任何竞技比赛中暗藏的关键之一。

当第一份赛后比分表交到我手上的时候，我总是会首先看一下我方以及对方分别获得了多少次罚球机会。我们的目标——不仅仅是每场比赛的目标，更是每年的目标——是比我们的对手获得更多的罚球机会。而这一目标要求球队在许多方面都能够有好的表现。为达成这一目标，我们最重要的基础练习项目之一是将手放在腰带内进行防守——也就是说不可以用手。球员需要通过脚步和卡位进行防守。

造犯规的隐藏价值

当我是一名球员的时候，我还没有意识到这一点。我在俄亥俄大学的第三年，我们的球队在12月于麦迪逊广场对阵圣约翰大学——当时纽约还在庆祝节假日——而我被对方的全美明星球员托尼·杰克逊防守。我持球突破并在杰克逊的防守下将球打进——对我而言还真是很了不起了。

这次进球被判无效，因为他在我突破过程中已经犯规了。而我非常失望，因为我失去了我已经打进的球——在托尼·杰克逊的防守下打进的球！

我获得了"1+1"罚篮机会，并且全部命中。但是啊，我是真的很生气我失去了在全美明星球员的防守下打进的球。

过了几年，我用一个完全不同的视角来回顾了这件事情。在我那记进球被判无效时，我们球队还落后两分，但是执行完罚球以后我们便追平了比分，并且这次犯规记在杰克逊身上，使他离陷入犯规麻烦近了一步。

作为球员，你并不太能够理解所有非常重要的事情。因此，当我开始执教，我又在脑海中回顾了这件事情：那次我因为进球被判无效而感到非常失望，却根本没有想到那一次进攻因为制造了犯规使我们球队受益更多。这一次的回忆使我形成关于罚球的终身理论：比对方获得更多罚球机会的价值之所在；比对方更快地进入"1+1"罚球阶段；比对方更快地进入2次罚球阶段；让对方核心球员的累计犯规次数使他们不得不坐在板凳席上。

指导，指导，指导

即便是最出色的球队偶尔也会在一场比赛中出现罚篮不进的问题，有时还会是连续罚篮不进，而势必有些球迷会在比赛之后的夜晚对此抱怨："他们肯定根本都没有练习过罚球。"

哦，所有球队都会练习的，但是调查总是表明，提高罚球练习效果的方法是模拟真实比赛的环境以及压力。而大多数球队以及教练可能会存在没有花费足够的时间在罚球练习上的问题，或者没有足够地强调罚球的重要性，或者没有找到最有效的方法进行模拟真实比赛情境的罚球练习。

实际上，我的球队在练习罚球方面几乎和其他球队别无二致：在训练的结束阶段进行罚球。不过，我也会挑选出一名球员，在所有其他球员面前对他说道："好了，奎因，你现在获得了一次'1+1'罚球机会——将它们全部投进，否则所有人要进行5次冲刺跑练习。"这不是非常可怕的惩罚，但这样可以产生一些同伴压力，因为队员真的会为错失罚球的家伙感到懊恼。

更常见的是，在高强度的训练过程中，我会在认为必要的情况下让队员们进行罚球作为休息。我们会高强度地进行约20分钟的训练，然后我总是会选择一个队员非常兴奋的节点——在我们非常良好地执行了训练内容之后。这时，我会停止训练，并且大声喊道："罚球！"从时机来看，通常队员们会理解为我对于刚刚看到的训练内容感到满意。

我们训练中间的罚球环节通常是将队员们分成两组，分别在训练场两端的篮筐下排队，每名队员会分别在每个篮筐下完成两记罚球，然后每支队伍大概会用5分钟轮转一次。我一直认为这样的安排能够同时完成几个任务：首先当然是必要的休息，以及为球员注入信心，因为我们的球员刚刚完成了很不错的训练内容。另外，他们在疲惫的情况下进行发球练习，就像他们在比赛过程中遭到犯规时的状况是一样的。

他们在训练场上不仅仅要进行投篮，还需要模拟比赛的压力并投进每一记投篮。而且，对于那些正在排队而没有投篮的球员，他们在排队过程中也能够得到精神上的放松——"罚球！"意味着获得喘一口气的机会，而我希望罚球练习的这一价值能够延续到比赛当中，球员们能够在类似的间断时间得到休息。至少，在另外20分钟激烈的训练开始以前，我希望他们能够从罚球的间隙中得到精神上的放松。

使球队的罚球命中率很漂亮的绝佳方法是，让最好的投手执行罚球。我真的没有开玩笑。这对于执教而言是一个挑战：让最好的投手得到出手机会（获得罚球机会的源泉），不要让球落在糟糕的传球手或者投手的手中，在场上要尽量贯彻这一浅显的道理。

不过我的罚球练习理论与我在每一训练阶段的基本目的是一样的。在训练场上的每一分钟，也就是在这间教室的每一分钟，我都希望我的球队与队员都能够投入并获得什么。而且，就像在教室里一样，我希望他们能够明白，我认为每一名球员的思考能力——专注于赢球的能力——是非常重要的。

这适用于球队名单上的每一个人，不仅仅是首发球员或者那些在比赛当中获得出场时间最多的球员。我认为我的职责就是，教导每一名球员去理解他能够为球队获胜做些什么，即便他的角色只是一个训练球员。而且，我们确实赢下了一些比赛，也确实赢下了一些冠军，正是因为那些看起来根本不能和赢球联系在一起的球员帮助首发球员能够在训练场上进入模拟比赛的状态。

在1981年夺冠后，我获得了一个特别的启示。我听到伊赛亚·托马斯在发表获奖感言时提及了查克·弗朗茨——伊赛亚通常在训练中会对位的队员，以及其他替补队员，感谢他们为夺冠所做出的贡献。只有那些足够幸运且高要求的球员和教练，在全队每一个人都付出努力之后，才会明白训练时间是多么的宝贵。我认为我作为一名教练，最重要的工作就是当任何一名球员对胜利做出贡献时，都要告诉他们的成就。

惊喜需要时间与沉默

时间，总是被忽视的消极因素。领导必须审视手上的项目，全面了解需要满足哪些要求——包括需要多少时间——来完成任务并为第一次真正的考验做好准备。教练、球员、雄心勃勃的销售员或者办公室职员都必须明白，自己无法在几天时间内完成所有事情——甚至在一年的时间内都做不到。经验与理解在这一点上发挥了作用，还有保持谨慎并避免说得太多或者承诺太多，而这些对于许多体育界的人都是一个问题，尤其是对于许多教练而言。

有一次，我的球队正在备战一场客场比赛。在那个关键的客场比赛的早上，我的球员正在场上进行投篮练习，此时该所学校的橄榄球教练——我在一些高尔夫活动上认识了他——走了过来并在我身边坐下。如果是进行正式训练的话，我是不会这样坐着或者聊天的，但是投篮练习稍有不同，所以我们就聊了聊。他在这所传统橄榄球名校待了一些年头，他渐渐为自己是否能保住自己的工作开始感到担心。他问我："鲍勃，你觉得我该在哪方面做出改变呢？"

我喜欢这个人，所以我就和他直说了："首先，你不能再承担过多的招募工作了。你一直在告诉你的球迷们你们将要获得全国最出色的四分卫或者什么人，在一段时间以后，他们当然会期待这些出色的球员能够组成一支出色的球队。你要做的就是闭嘴。"他认真地点了点头，说道："你说得完全正确，鲍勃。这真的是一个非常好的建议。"

5分钟之后，当时正在进行的招募季出现在了我们的对话之中——这次是我不好，因为我意识到当时是一年之中的什么阶段。我坦诚地表现出自己的好奇心，问道："顺便问一下，你的招募工作怎么样？"他回答道："鲍勃，我们将会获得加州最出色的球员以及得州、新泽西州最出色的球员……"我忍不住翻了白眼。

这是二十年前的事情了。就在最近，我和家乡的朋友进行了一段夏末的对话，他是那所橄榄球名校的狂热球迷。"他们今年秋天球队前景如何？"我问道。他已经经历过很多次这样的事情了。他回答道："哦，如果我们能像教练说的一半好的话，我们将还不错。"而他们对新赛季的揭幕战感到非常失望。有些人，有些行业的人，永远都不会吸取教训。

奈特的箴言

再来一杯啤酒也没关系的。

如果你没有在开车的话。

别担心,这条路从来都不会有警察的。

生命只有一次。放慢车速并保存好一些钱,或者你的驾照。

　　我从来都不希望我所执教的球员——即便是那些拥有出众天赋的球员，包括迈克尔·乔丹以及其他1984年美国奥运代表队的球员——认为凭借他们各自的能力就可以赢得冠军。我希望教会他们如何最好地利用他们出色的天赋。我希望他们能够明白，为了在比赛中获得成功——赢球——都需要什么。这不仅仅需要身体层面的技巧，还需要头脑层面的能力，可能甚至要求更多。

　　如果——我在我的执教生涯中的确有过一次——你在某一年当中，你发现你能够组成一支非常出色的球队，千万不要对他们说："我们的目标是不被击败。"你最好这样说："能够让这支球队感到满足的唯一一件事情就是，倾尽所有，不被击败。我们必须要做到在自己能力范围内能够做到的事情，并且要保持40分钟。"

　　这就是我在第一场训练前对1975—1976赛季的印第安纳所说的话，那是我第一次在球队面前像那样设立目标，而那些孩子也做到了我所说的内容。在将近四十年以后，他们依然是最后一支在全国大学篮球联赛保持不败战绩的冠军球队。

　　我还记得另一场我对那支1975—1976赛季的球队所召开的会议，

这次会议与我从前开过的所有会议不同，因为这批球员的成就没有第二支大十联盟的球队曾经做到过：连续两个常规赛赛季保持不败战绩，其中一个赛季的战绩是36胜0负。通常在常规赛结束后的第一场训练之前，我会将他们召集至更衣室，我很清楚他们需要重新集中注意力，需要有人提醒他们31胜0负的战绩已经不再重要，所有参加锦标赛的球队现在都回到0胜0负的状态。

但这些球员当时并没能领会这些。这支全美最出色的球队的耳朵已经长了茧子了。我没有让任何其他人进入更衣室，只有球员和我——没有助理教练，没有球队经理，没有任何人。我告诉他们我所看到的问题以及他们还剩下多少时间——我所做的就是为他们鼓劲儿。我希望能够将他们摆在合适的位置上，使他们在接下来的几周内都不会受到任何干预。他们必须去上课，也必须去打比赛，这些就是我希望让球员们在接下来的三个星期内去思考的事情。

在整个讲话过程中，我没有提及任何一个人的名字。

当我讲完，我走出更衣室到球场上等他们出来进行训练。过了这么多年以后，我依然清清楚楚地记得当时的场景：我斜靠在篮球架上，然后我就听到了运球的声音。第一个球员走出来了：斯科特·梅，二年级的全美全明星球员，很出色的选手。

他走过我的身边，运着他的篮球。然后，他转了过来，看着我，对我说："教练，您刚刚讲得很好。我认为他们都明白您的意思了。"

能够听到一个孩子这样说真的是最棒的事情之一了："我认为他们都明白您的意思了。"

他并不认为我说的那些话是在谈论他。而他确实是对的，我并没有。

而且，那支球队相当不错。真的很不错。

我心中的MVP

篮球队中的每一个孩子都会逐渐提高投篮能力，但并不是说每个孩子都是投手。

在这本书中，我可能以那支1974—1945赛季以及1975—1976赛季印第安纳大学的荣誉最少的首发球员作为例证的次数是最多的。鲍比·威尔克森是当时球队中得分最少的首发球员，但他是我曾执教过的最有价值的球员，他比任何人都能够更好地完成自己的职责。

我所赋予他的职责是我曾经赋予球员的最全面的职责，因为鲍比的身体条件极其出色——两米零一的身高，非常强壮，拥有极其出色的弹跳能力。实际上，他是我们球队的跳球球员，而我们的队伍还拥有两米零八的全美全明星中锋——肯特·本森。在1976年的NCAA最终四强赛中对阵UCLA时，后卫球员鲍比独揽19个篮板——我很肯定这是后卫球员在最终四强赛的最高篮板球纪录，尽管组委会并没有记录这种数据。而他是面对场上6名前场球员做到这一点的——对手与我们都分别拥有3名前场球员——后来这6名球员都进入NBA打球了。

鲍比并不是一个出色的投手，但是他意识到了这一点，并且还是有一些得到高分的夜晚。并且他在这支球队中——可能是拿下全国总冠军的球队中传球能力最强的球队——在助攻数量上领先全队。

而我尚未谈及他最突出的强项：防守能力。他可以阻止人和人——前锋、中锋、后卫。无论我们让他盯防谁，他都可以一个人完成任务。在能够认识到鲍比为我们所做出的贡献的教练员中，有一位是和我一同在俄亥俄州长大的比尔·马赛尔曼，他在我开始执教印第安纳的同一年开始执教明尼苏达。

当威尔克森进入我们的球队并开始承担他所有的责任时，我们都处于在大师联盟执教的第四个赛季。马赛尔曼注意到鲍比承担跳球的任务，并对我说："我不知道他是不是你们球队做这件事情最好的球员，但是你可别告诉我你没有意识到他作为后卫要去承担的这一切任务。"我从来都懒得去震慑比赛的对手——鲍比同对方中锋跳球是因为他就是我们球队最擅长做这件事情的球员。不过我认为马赛尔曼说的也是有道理的。

威尔克森并非一直寂寂无名。他从未入选大十联盟最佳阵容，但他在1976年的NBA选秀大会上成为了第十一顺位的球员——可能是作为场均8分的后卫所能达到的最高顺位。并且，他拥有一段很棒、很久的NBA职业生涯。

1975年的印第安纳在每个方面都非常出色，但是球队的核心是由巴克纳与威尔克森搭档的后卫组合。球队的最好球员是斯科特·梅，他是联赛得分王并当选年度最佳球员。斯科特是我曾经执教过的最出色的球员，因为他比任何一个我所执教过的球员的缺点还要少。在他四年级的时候，他改正了所有缺点，很少会犯错误。总而言之，1974-75赛季以及1975-76赛季的印第安纳之所以是最棒的球队是因为他们在比赛中犯错的次数最少。他们从未击败自己，几乎也没有其他队伍击败过他们。

1976年的印第安纳大学赢得了总冠军，但许多球员以及我本人都觉得1975年的球队更加出色，因为当时我们有两名强力的四年级投手——史蒂夫·格林和约翰·拉斯科夫斯基。

1976年的球队已经被认作是位列联赛史上前三强的队伍，其他两位分别是1968年与1972年的UCLA。人们公认1968年的UCLA（拥有卢·阿尔辛多及卡里姆·阿布杜尔-贾巴尔）是史上最强的球队，而1976年的印第安纳大学排名第二，1972年的UCLA则位居第三。我不确定我们的球队是否能击败那支拥有阿尔辛多和贾巴尔的球队，因为他们拥有更加出色的天赋，因此如果我们双方都发挥正常水平进行对抗的话，我们大概会输掉比赛。当然，我曾试图找到击败他们的方法——这是执教的乐趣之一。我总是认为为这种比赛做准备会是一个绝佳的执教机会：对手越是强劲，挑战便越具有难度。

如果有这样的机会，我们绝对会去挑战的。

克拉克·盖博式的态度

人们总是认为我是一个独裁的教练：如果需要做决定，那将是我来做决定。

我无法想象这种说法是如何产生的，因为根本不是如此。我总是对自己提出的作为教练的要求之一是：不要执着于那些根本不重要的事情，那些根本不会影响比赛胜负的事情。

我总是让我的球员通过投票来决定那些我不在乎的事情——在旅途上我们应该去哪里吃饭，我们是3点开始训练还是5点开始训练……

所有对于取得胜利毫无影响的事情，我都让他们进行投票，因此他们也会认为自己拥有发言权。

但是我们从来没有选出一名队长。我曾经尝试过。MVP？在每个赛季的末尾，我也会选出一名MVP。这些事情是我认为能够立刻或在以后影响到比赛胜负的事情。

但是，执着于那些浪费时间的事情……

克拉克·盖博在《乱世佳人》中有这样一句台词："坦白地讲，亲爱的，我根本不在乎。"这就是我对于那些浪费时间的事情的态度。

在我执教印第安纳大学的某一年，我们刚刚以胶着的比分赢下了对阵威斯康星大学的比赛。一位来自印第安纳州北部的律师给我写了一封信，讲述他对于我们的比赛有多么失望——我们这个做得也不好，那个做得也不好。我们已经连续3次击败威斯康星大学了，因此我没那么怀疑我们的打球方式，不过出于我自己的乐趣，我给他回了一封信，写道：

"你必须明白一件事情：我总是根据这样一个理念来运作我的球队，即如果亚伯拉罕·林肯都无法总是取悦所有的人，那么我也做不到。"

三天后，我收到了这个家伙的回信："你必须明白，我还不喜欢林肯。"

这个经历所给予我的只是一位笔友，而我依旧没能在避免耗费时间的事情方面有所进步。而当我和伟大的得州大学橄榄球主教练达瑞尔·罗亚尔谈话时，他谈到了如何有效地利用时间这一话题——时间是如何在你纠结于那些诸如找零钱一类的鸡毛蒜皮的小事时被浪费的。我想到我和那位律师的经历，并请教达瑞尔是如何处理自己的邮件的。他说他的秘书会阅读每一封邮件，而她会将所有的垃圾邮件扔进垃圾箱。他只回复那些她转发来的邮件。这听起来很不错，因此我决定我也这样去做。

自此以后，人们会走过来并告诉我他们给我写了信，而我会带着乐趣如是回答道："噢，我的秘书浏览了所有信件，她将所有有价值的信件都交给我了，我也都回信了。你有收到我的回信吗？"面对这句圈套，我总是会得到如是的回答："噢……我收到你的回信了。"总是如此。我从来没有听到任何人回答没有收到回信。

观察是必须的，而坦白不是必须的

夏洛克·福尔摩斯喜欢说这样一句话："很多人都在看（look），但是很少有人真的看懂（see）。"有一个很棒的词语叫做观察（observation）。要看明白你所看到的事物，要富有观察力。

你永远都想不到，你因观察而收获的奖励是最丰富的。

有一次，凯伦和我正驱车前往阿拉巴马山。欣赏着眼前壮美的景色，我说道："把广播调到FM93.5，那是一个很棒的西部乡村风格的广播台。"她打开了广播，听到了一首我喜欢的歌曲，是约翰尼·霍顿的《新奥尔良战役》（The Battle of New Orleans）。她问道："你怎么知道这个广播台的？"我回答道："我曾经来过这里——大概十年前。我就是记得这个广播台有多棒。"她无法相信我拥有这么好的记忆力。

最后我还是坦白了。当时她正在看书还是看杂志而我正在开车，而在我让她打开广播之前的1.5千米前，我们路过了一个路标，写着："精彩的乡村与西部风格音乐，93.5频道"。

凯伦非常聪明，因此她再也不会上这样的当了。不过通过努力做一个观察者，我还是得到了几次获得类似奖励的机会。

巴顿式的态度

作为一名篮球教师，我习惯了在16,000名观众面前给我的"学生"出测试题，许多人每次都会将这看做我出的测试。因此，我不会因为在很大的人群面前讲话而产生任何形式的恐慌。而在我每次所谓的"测试"中，我从来都不觉得我是试图在笑什么东西——只是想去赢下篮球比赛。有一次我参加了一场激励领袖大会，是发言小组的成员，有一位大人物在我之前进行发言。在11分钟之内，他15次提及了他在会场大厅销售的录像带和书。

我忍不了了。轮到我进行演讲时，我说："我不是来销售录像带、书或者其他什么东西的，但是我很长时间以来都在16,000名观众面前工作，并且我可以告诉你们胜利与失败之间的区别是什么。"我并没有凭借这句话挣到任何钱，但是我还是在心里偷笑，因为我挖苦了前一位演讲者，他关于鼓励的观点就是鼓励人们给他送钱。

讲故事是交流——有时甚至是激励——的最好方法之一，因为它可以描绘出一张画并牢牢地留在听者的脑中。我听过一则关于领袖的故事，是关于我所崇拜的二战将领乔治·S.巴顿的故事——谁知道这故事是不是真的呢？但我宁愿相信是真的。

巴顿和他的驾驶员正在非洲的一条沙漠公路上驱车前行，突然一架德国的飞机跟上来并向他们猛烈开火。巴顿和驾驶员爬出了越野车并藏到一个沟里。然后，巴顿抬头看到一名士兵在电话线杆上，浑然忘记身边飞过的子弹，紧紧盯着他正在修复的线缆，完全专注于手上的工作。

考虑到这个士兵的安全，巴顿向他吼道："士兵，你在那儿究竟干什么呢？"这名一等兵并没有向下看，并且毫不顾忌什么军衔、失礼或者任何关于军队的规矩，朝巴顿吼道："我在试着修复这该死的线缆，如果你能别管我的话。"

"孩子，"巴顿说道，"你真是干得太棒了。"

这是一则一名领导与部队一位良好的倾听者之间的故事。

问题之所在

一个十几岁的男孩感觉终于是时候可以自己开家里的车了。他看到父亲正坐在他最喜欢的椅子上，便走上前去。

"爸爸，妈妈有没有告诉你我今天通过了驾照考试？"

"约翰尼，她告诉我了。不仅如此，她还告诉我，给你考试的州警说你是他测试以来得分最高的学员。我觉得这很棒！这真是一个了不起的成就。我为你感到骄傲。"

"那，爸爸……那我可以偶尔用家里的车吗？"

这位父亲想了一分钟，说道："现在，约翰，我知道这一天总会来的，我也为此考虑了很多。我一直在观察你，而我是这样决定的。首先，有一些事情你必须要改正。"

"第一条，你必须提高你的成绩。上一阶段的成绩对于你这样智商的孩子来说是不可接受的。这是你的首要目标。

"第二条，你的妈妈对于你在过去几周对待弟弟妹妹以及你不配合她的态度感到不满——你最近表现得让人很头疼，而你必须改正。

"第三条，约翰，我知道自打你上学以来我就告诉过你，你看书看得不够多——阅读是所有教育的根本，而教育是获得成功的关键。现在你已经是高中三年级的学生了，而你一点都没有改变这一点。这必须有所改变。我希望你能开始阅读，而且不光是读那些流行的东西，我希望你去阅读《圣经》——不仅仅是出于宗教层面的重要性，也因为在《圣经》当中有许多非常好的人生导引。

"还有，约翰，还有第四条：你必须去剪头发了。我已经受够了看你这一头长发——我之前已经告诉过你了，而且我也一直在说。这次是最后通牒了：去理发，否则你不可以开车。

"你先完成这四条要求，然后我们就可以坐下来看看如何让你用家里的车子。"

大概过了三个星期，约翰尼看到父亲坐在椅子上在看球赛，他走上前去说道："那个，爸爸，我已经准备好和你再谈谈关于车子的事情了。我觉得我已经做到了你要求我的那些事情了。"

他的父亲将目光从球赛上挪开并看着儿子，说道：

"约翰，让我来告诉你，你的成绩提高了很多，说明你以前很烂，但这是个好事。不过我告诉你，你的成绩最好不要滑下来。

"第二，更重要的是，你的妈妈告诉我你最近非常积极地帮她打扫我们的家，并且对待弟弟妹妹都非常好——你妈妈对你非常满意。我很高兴。

"还有，我也注意到每天晚上你都拿着一本书或者杂志，而且你确实在阅读它们。这很好，约翰。我确信你学到了很多。而且我偶尔也会看到你在翻阅《圣经》并且确确实实在阅读某些章节。

"所以，这三条要求你已经非常出色地完成了。

"但是，你还是没有剪掉这该死的长发。"

约翰尼做好了准备："爸爸，我想跟你说说这个问题。按照你所要求的，通过阅读《圣经》，我注意到耶稣的门徒们——甚至耶稣本人——他们都留着长发。"

"是，他们确实都留长发，约翰尼。"父亲说道，"确实是这样。但是你是否也注意到了，无论他们去哪里，他们都自己走路去呢？"

奈特的箴言

噢，我可以一个人铲完所有的雪。

> 可能你最好（气喘吁吁地）叫一辆救护车。

我不需要有人帮我扶着梯子。

> 有谁知道离这儿最近的医院在哪里吗？

第十章

"你将代表你的祖国"

在我四十余年的执教生涯中，最令我满意的是，我曾在国际篮球赛事上执教美国国家队，并且非常幸运地执教了两次——第一次是在波多黎各圣胡安市举办的1979年泛美运动会上获得了金牌，第二次则是带领全新的队伍，也是最后一支美国业余代表队在洛杉矶举办的1984年奥运会上夺得金牌。

亨利·艾巴，来自俄克拉何马大学的出色教练，曾经执教奥运代表队3次。他提供了一条令我保持清醒的建议："这一次，你执教的不是你的学校或者州的学校。你将代表你的国家。"

我明白执教国家队对他意义重大，对我也同样如此。自开始备战奥运，我不止一次地在我的球队演说当中提及了这一问题：在这世上，最伟大的几个词语就是"美国，美国，上帝赐福于你"（出自歌曲《美丽的美国》）。

执教国家队也意味着另一个同样美好的回忆：我将有机会执教迈克尔·乔丹。我毫无保留地认为，乔丹就是篮球史上，甚至是所有团体运动史上最出色的运动员。他的好胜心、能力与欲望成就了他的一切。

一切从74名球员开始

我每次的执教过程都是一样的。当然，奥运会会带来更大的聚光灯。

1982年5月，我得知我将担任1984年奥运代表队的主教练。我几乎立刻就投入到工作当中，根据可能的球员建立档案——包括我们的队员以及我们可能面对的球员。请记住，在当时，我们的球队是由大学球员组成的。

当我们组建了球队后，立刻开始以球队的形式投入到训练当中，并且按照奈特的方式进行。我们拥有来自各个球队的精英球员，但是我们将他们视作高中校队球员一样开始训练。我们传达的信号非常明确：他们过往的名气与他们接下来如何打球毫无关系。我希望让他们知道，我们将按照法兰克·辛纳屈所唱的那样去打球：按我的方式。我认为，这批球员比其他任何一支代表我们征战国际赛场的球队的球员都更加卖力。

在1984年于西雅图举办的"疯狂四强"结束的几天后，我们将74名孩子带到布卢明顿进行试训。我们将他们筛选至32人、20人、17人，并最终选拔出12名球员同我们征战洛杉矶，其中便包括迈克尔·乔丹。

与这12名球员的第一次会议是在大会堂球馆的更衣室进行的。在会议上，我告诉他们我们作为一支球队，有哪些事情是很重要的。

我说道：

"你们必须相信我们，相信我们将会使你们做好准备。如果你觉得你并没有为比赛做好最佳的准备，请你们告诉我，因为我们必须采取行动来保证你们确实做好了准备。你们必须相信，我们将会使你们做好准备。

"并且，我们必须要有这样的信念，你们12个人将去完成我们所希望你们完成的事情。教练与球员之间必须形成默契——为彼此着想，为最终的目标共同努力。如此一来，在8月10日的夜晚，你们每一个人将会站在领奖台上，会场将会响起我们的国歌，而你们的胸前将会闪耀着奥运金牌。

"这就是我们要做的一切。"

我给每一个孩子分发了一张3×5尺寸的奥运金牌的照片。"直到你们得到了真的金牌为止，无论你们穿什么，无论你们去哪里，我都希望你们把这个放在口袋里。"

我还给他们发了8×10尺寸的照片。"从现在到获得真的金牌为止，无论你们睡在哪里，我希望你们都能把这个贴在床前。"

在最后一个训练周，当我们准备从圣地亚哥市出发前往洛杉矶市时，我邀请亚历克斯·格罗扎来为我们球队进行演讲。亚历克斯曾是肯塔基大学的球员，于1948年与1949年的两个赛季获得了NCAA的总冠军，并且在1948年入选国家队，最终在伦敦获得了奥运金牌。亚历克斯定居在圣地亚哥市。当我们在这里进行奥运会前最后一场训练赛前，他早上来到场地进行练习，并把他的金牌也带来了。

他将金牌做成项链送给了妻子。我还记得，当亚历克斯将金牌传阅给我的队员们时，他们每个人看着金牌并且想象自己将如何处理金牌的样子。我能从他们的脸上看到：每个孩子都拿着它，都不愿意将它传给下一个孩子看，一直到12个人都拿过一遍。

当他们把金牌还给亚历克斯时，我问道："你们有多少人刚刚在想如何处理你们的金牌或者把金牌送给谁？"

每个人都咧着嘴笑了。

每个孩子都举起了手。

今天，每一个"孩子"都拥有了金牌。

67，596位观众面前的夏日篮球

这支奥运代表队的非队内对抗赛随着对阵NBA明星队的9场系列表演赛拉开了序幕。我永远也无法忘记其中一晚的比赛气氛，我没有见过任何一场比赛的氛围能与之相提并论。

当晚比赛在印第安纳波利斯山地人穹顶球馆举行。我们的奥运代表队将迎战NBA全明星队，后者还包括印第安纳州本土球星拉里·伯德和伊赛亚·托马斯。在整个系列赛中，我们的奥运代表队以9比0的大比分横扫NBA全明星队，这场比赛也是其中的一部分。这个系列赛使我们的奥运代表队能够为洛杉矶奥运会做好准备。

当晚，还有其他奥运代表队在球馆亮相。帕特·萨米特教练所带领的女子奥运代表队在我们之前先打了一场比赛。我认为那场比赛很精彩——对帕特的球队和我们的球队而言，这场比赛都很有价值。帕特和我曾经在1979年的泛美运动会中共同担任美国篮球代表队的教练组成员。我在备战泛美运动会期间同她首次建立了联系，而她给我留下了深刻的印象。帕特是一个意志力非常坚强的人。她对于篮球这项赛事而言意义重大——不仅仅是女子篮球，而是整个篮球。

我们在那个夜晚的目的在于检验热爱篮球的印第安纳人民能否呈现出我们所想要的：召集全美有史以来人数最多的观众来观看篮球赛事。

印第安纳的人民做到了：一共有67，596名观众前来观看比赛。而在不到十年以后，我们在全国各地场馆征战了NCAA四强赛以后，这一数据被再次超越。

这个夜晚的气氛已经超越了普通的篮球赛，达到了近乎奇迹一样的水平。这场比赛是全新的印第安纳穹顶球馆迎来的首场体育比赛，而这个场地原本是供印第安纳波利斯小马队使用的，而非用于举办篮球赛事。但是，这个州热爱篮球胜过热爱小马队——至少在当时是如此——而且，在这个夜晚，全国的篮球粉丝对于这支将代表他们征战奥林匹克赛场的球队表达出强烈的期待之情。

接下来便是比赛时间了。在球队进行赛前训练时，我们让参赛队员进行了大量的热身活动，所有球员轮流进行对抗练习。首次面对这一系列的表演赛，我并不知道我应该期待怎样的结果。

我希望我们能够对抗这个世界上最出色的球员，也就是NBA球员，我想看看这个想法的结果将会如何。这个系列赛与大学篮球截然不同。如果我们能够冷静地面对比赛，那么看起来对我们是消极的因素——让我们的孩子们对抗职业球员——就真的有可能转化为积极因素。毫无疑问，我想赢球。我认为击败职业球员能够很好地为我们的球员建立信心。

比赛结果是，我们战胜了对手。我们获得了这个夜晚的胜利，就像我们在普罗维登斯赢下的第一场比赛一样，并且我们在此之后也是连连告捷。那些NBA的球员都非常出色。我们吸引了大批观众从全国各地前来观战，而随着我们的赢球，那些NBA球员对我们的压力越来越强，我认为这种压力对我们的球队大有帮助。

从选拔球员到获得金牌，我都选择亲力亲为。我总是要求球员们在每场比赛的第二天继续刻苦训练。我将每一次训练都看做基本训练，致力于将球员们的技巧融入到整个队伍当中。我希望他们在真正获得奖牌以前都永远不会感到满足。

洛杉矶的黄金之夜

当我拥有一支球队，使我感觉自己有机会去实现比其他人都要了不起的成就时，我都会把这件事情给他们讲清楚——我从1984年的奥运代表队就开始这样做了。我希望球员们知道哪些问题是最重要的。

他们的回应就如同我期待的那样。但是，我感觉我们在洛杉矶体育场打决赛时还需要考虑其他的一些问题。

我们在决赛中的对手是西班牙队，是我非常了解的一支球队。我看过所有欧洲国家球队的比赛，而我在奥运代表队的助理教练——唐·丹纳赫和我一样，都认为西班牙——而不是俄罗斯——才是这届奥运会中最出色的欧洲球队。西班牙队的主教练安东尼奥·迪亚兹-米格尔是我的朋友，他曾经来布卢明顿市观看过几次印第安纳大学队的训练。

我们就像对待其他来观看我们球队的教练一样：我们向他开放我们的训练以及教练会议，并且给他提供球队的比赛以及训练录像，使得他可以确切地知道我们的运作模式。这件事情并没有使我困扰，因为我知道安东尼奥是一名出色的教练，并执教一支出色的队伍。

在打进决赛的过程中，西班牙队的唯一一场失利使我感到有些苦恼，因为是我们的球队以压倒性的比分——101比68——战胜了他们。我知道我的球员们意识到他们是在上半场发挥不佳的情况下仍旧轻松战胜了对手。

决赛当天，我们自选拔出这支球队以来所一直付出的努力即将达到终点。我邀请威利·戴维斯来为我们的奥运代表队进行讲话——威利·戴维斯曾是文斯·隆巴迪所率领的绿湾包装工队的防守组队长，这支球队赢下了第一届和第二届的超级碗奖杯。鲍勃·什科罗斯基，那支包装工队的进攻组队长，也常常来球队进行演讲。

这一次，威利并没有讲得太久。他只谈了一件事情。当他讲这些话的时候，你会看到隆巴迪而不是威利在讲话："小伙子们，今晚，你们将打一场你余生都会牢记的一场比赛，可能比你这辈子打的任何一场比赛都更加记忆深刻。让我们将它打造成一份美好的回忆。"

这番话为比赛加入了额外的东西。这场比赛将永远伴随着你。话音刚落，如果你拥有心与灵魂，你一定会想："他说得对。这一切不会自己发生。我们必须让它发生。"

我的想法，就是赢球

人们曾经问我，对于执教而言，什么事情是重要的。显然，我希望自己能够有机会执教国家队并赢下金牌。而对我来说，更重要的事情是，那12个孩子可以在走过这一生以后，能够说出："我在1984年赢得了金牌。"但是，如果当初我接受了他们初来乍到时的状态以及水平，我相信后来的这一切都不会发生。

我认为——不仅仅是奥运，而是我的球队所面对的每一场比赛——对我来说最重要的事情就是赢球。在堂堂正正、遵守规则的前提下赢球，但关键在于赢球。这一理念给予了我巨大的帮助，让我避免对当场比赛或下一场比赛失去思路。我不希望因为我没有做或看到什么事情，导致我输掉比赛。我会回顾每一场比赛，而如果我发现我没能做到某些事情，这比我的球员做了什么或没做什么更加使我感到沮丧。

和第一次对阵西班牙时的情况不同。在决赛上，我们以52比29的半场比分领先对手，并最终以96比65的比分赢得比赛。我们球队的每一名球员最终都在那一晚留下了美好的回忆——非常美好的回忆。

奈特的箴言

著名的"遗言"（教练版本）：

> 在这个联赛当中，没有人能与琼斯匹敌，
>
> 所以我们会在第二场比赛由他担任投手。
>
> 他们已经深陷我们的防守之中，不可能把球传出来了。
>
> 4攻2码——
>
> 让我们来一个该死的投篮得分吧。

还有球员版本：

> 投出一记快速的红中直球——
>
> 这是他最不希望看到的结果……
>
> 我可以在那片水障碍区中击球。
>
> 别想着扳平比分了——只要我能命中这记三分球，咱们就赢了！

　　我的妻子凯伦，当她认为事情早已解决而我依然过于纠结的时候，她能够很好地提醒我。她能够——并且经常这样做——用以下几个字眼将我唤醒："这匹马已经死了，下来吧。"

　　这其实是一句陈词滥调的改良版本，也就是"不要鞭打一匹死马"。意思是，不要在你已经赢了——或者输了——的情况下仍然重复自己的观点。

　　我知道陈词滥调就是由华丽的词句所堆砌的垃圾，由于过于酸腐、老套，所有顶尖的作家都不会去考虑使用它们，更别提这些词句都会在出版物的编辑过程中被删掉。我？我从来没有把自己归为顶尖作家的行列，而且我会承认：我并不是那种抵制陈词滥调的人。我觉得有些语句还是挺经典的。

　　而且，我坚信有些陈词滥调说到底其实就是那种"乐观主义的偏见"——这些俗语在我们的大脑中根深蒂固，最终达到了陈词滥调的状态，总是向人们许诺那些根本没有也不会出现的积极的结果。

　　不过，有一些陈词滥调我还是挺喜欢的，有的是因为可以用来取乐，有的是因为本身蕴含着智慧，而且至少有那么一句陈词滥调会让我产生近乎父子一样的联系——所以我是真的喜欢它。

找到一系列已经达到陈词滥调水平的词句并不是什么难事。只需要打开谷歌，输入关键词"陈词滥调"就可以找到。当今的网络为我们提供了各种类型的快捷键，能够检索出非常非常多的结果。我偶然检索出超过1,000个被归类为陈词滥调的词句，不过我认为其中有些词句最好归类为格言或者警句。

我曾经听过一个很有意思的关于一位体育专栏作家的故事，这个人曾经报道过一两次我们对阵伊利诺伊大学的比赛——来自《芝加哥太阳时报》的杰罗姆·霍尔茨曼。杰瑞是非常知名的棒球专栏作家，从很久以前就非常关注小熊队和白袜队的动态。一位名叫刘易斯·格里扎德的年轻体育编辑来到《太阳时报》，下定决心将本报的体育文章带出其语法所处的黑暗时代。他发誓，他将彻底地、毫无保留地将《太阳时报》体育板块中的陈词滥调和老套的行话消除掉，自此，美国职棒大联盟的文章将更多地涵盖来自球员、球队经理或者教练员的言论，而不仅仅是作者自己的观点。《太阳时报》将迎来彻彻底底的改变！

在他来到《太阳时报》后不久，一篇霍尔茨曼所写的关于棒球的文章出现在他的桌子上，而这位年轻的编辑决定与其进行斗争。他叫杰瑞来到他的办公室，刘易斯·格里扎德在他所写的书中是这样描述接下来的情节的：

> 我表达了对球员、经理或教练言论的需求，并且对他说："而且你用了太多的陈词滥调。"

"陈词滥调?"他反问我。

"对,"我说道,"你还在用那些老掉牙的陈词滥调,像是用'hot cornor'形容三垒,用'circuit clout'和'roundtripper'代指全垒打。"

霍尔茨曼看起来很困惑。最后,他说道:"刘易斯,你不明白。这些都是我的陈词滥调。"

我从来没有想到过这一点。站在我面前的,是美国棒球作家们的元老,可能正是他本人创造了那些专门的术语。如果一个人创造了一个术语,不管他用多久这个词语,它都不能被称作陈词滥调,不是吗?

在这以后,我再也没有挑过霍尔茨曼的文章的毛病。

这本书叫做《如果有朝一日我回到佐治亚州,我将永远不会离开》(*If I Ever Get Back to Georgia, I'm Gonna Nail My Feet to the Ground*),而作者正是那个年轻的体育编辑刘易斯·格里扎德。在英年早逝之前,他放弃了体育编辑这一职业,转而成为了全美最出色的单口喜剧演员以及喜剧作家之一。

我喜欢格里扎德的喜剧表演,但是我可能还是最喜欢关于霍尔茨曼的故事,因为我会因杰瑞·霍尔茨曼产生共鸣。我在互联网上搜索到的一长串的"陈词滥调"中,有一个是我一直用来解释为什么我的球队永远都不会追随将球员名字印在球衣背后这一潮流。我希望我的球员一直能够明白他们的忠诚应该在哪里:

"你是在为你球衣前面的名字打球。"

可能有其他人曾经先说过这句话，谁知道呢。但是，这句话尚无人认领，而我会说是我创造了它，因为我从来没有听别人说过这句话，并且我也确实是这样想并这样做的。

另外，每个人都应该像杰瑞·霍尔茨曼一样，体会到作为一个陈词滥调的作者的那种兴奋之情。

我认为，在没有狂热的乐观主义色彩的前提下，陈词滥调还是有益的。比如说：

智者三思之事，蠢人急不可待。

这可能是所有名言警句中我最爱的一句，是《负向思考力》所信奉的改革口号。

智者三思之事，蠢人急不可待。

做决定是最不能着急的。不要着急。多花些时间去了解情况，去了解你最好的选项是什么。并且，你要一直用一个词对自己进行最后的质疑：凭什么？凭什么我这么确信这样就是正确的？

这个建议并不局限于执教领域。任何一个即将做出决定的人都需要在有限的时间内仔细考虑一番，要想：我听到了一些诱人的因素，即该提案的积极因素，那我知道所有潜在的消极因素吗？还有，永远要有能力说出并接受这个答案：不。

永远不要在今天做可以拖到明天再做的事情——这是对拖延症的一种讽刺，但是我认为这句话在幽默中还有一些智慧。如果更多的人能够拖延愚蠢的决定，这个世界就会有更少的愚蠢的决定了。在我的书中，优柔寡断胜过糟糕的决定。

当涉及金钱的时候，这个道理就更加重要了。当对我的金钱或者未来做出承诺时，我是否足够了解情况？我究竟有多了解这个试图说服我的人？你应该听说过另一句格言警句：

笨人难聚财。

确实如此，你需要变得足够聪明从而避免变成笨人。

一位诚恳的朋友提出来，当他的想法能够实现，他自己以及所有相信他的人都会变得很富有！可能并不是一个骗局，对此，我可以给出一点建议，这建议可能不属于陈词滥调但它可能应当成为陈词滥调：

不要为别人的梦想而活……或者为它买单。

不要投资太多金钱在别人的想法上。"不过这个家伙干劲儿十足"……好吧，但是有太多投资人动用了自己有限的积蓄并产生一种非常积极的想法，最终却产生了一系列"如果当初……"的想法。

如果我当初有多进行一些调研……

如果我当初停下来多考虑一下……

如果我当初没有那么着急……

如果我当初知道这类事情的过往情况……

如果我当初再多等一天……

如果我当初……

不仅仅是投资，对于你所做的每一项决定，你都要知道**为什么以及为什么不**？能够消除决策过程中大量问题的一些短句有"让我考虑一下"，或者"我对此不太有把握。我需要再和其他人讨论一下"，或者"让我一会儿再给您回电话说这件事情"，或者"容我几天来稍微研究一下"。

或者稍微换一个方式："是否可以保证这确实可行？"或者："都有谁参与到这件事情当中？"或者："既然这个肯定能成功，怎么以前没有人尝试过？"或者，最好的版本可能是："对我来说这听起来就是扯淡。"

上述这些短句都可以帮助你争取到一些时间，使你能够在做出承诺以前考虑一番或者调查一番。这并不是一个全新的想法。大约五百年以前，达·芬奇就曾说过："在开始时提出拒绝比最后才提出拒绝更简单。"

当你在短时间内面对大量的提议时，"不"这个词并不是停下脚步的一个坏方法。你总是可以将"不"转变为"是"，而且这通常会使人们感到开心。但是，将"是"转变为"不"要更加困难——有时候还会为时已晚。从我们的自身经历来看，你觉得人们有多少次希望他们能够将"是"转变为"不"？

现在，一位对某事说"不"的领导被他所领导的人们要求，他应当给出一个好的理由。不可以随随便便地说"不"。在你花时间进行了研究与评估以后，要让你的成员知道："以下是我们不这么做的理由。"而当你说"是"时，也应该让他们知道为什么这是一个好的方案。他们需要知道，你是出于哪些理由，做出了每一项涉及他们的决定。

有时候我对我的球员只会说一句："不，我们不会这样做的。"过了一会儿，如果我看到他们确实非常想这样做的话，我会说："我考虑了一下，我认为这样做是不错的。"以此向他们表明我的确很在乎他们想做的，就像我总是为他们着想一样。

对于一切涉及"是"或"否"这两个选项的事情：

三思而后行。

智者三思之事，蠢人急不可待。

这当然也适用于执教工作。在任何一项运动中，当教练属于乐观主义类型，其执教的球队并没有从精神上做好准备且过度自信时，那些关键的比赛都会进行得非常之快。球队出现过度自信的表现，需要指责的是教练而不是球员。当你没有确确实实清楚球队所处的状态时，永远都不要相信你的球队已经做好了准备。即便你清楚球队的状态，我保证，你还是会在赛前坐在更衣室中思考：他们真的准备好了吗？我本来还能再做些什么？这些都是不确定的。

作为教练，你的职责就是让你的球员专注于他们眼下必须要做的事情上——此刻，在这场比赛中，在今晚，取得胜利。我认为正是这一点让我们在1975-76赛季打造了最引以为傲的印第安纳大学篮球队。他们赢下了太多比赛，他们完全可以因此认为他们就是比即将面对的对手更强，但他们是我执教过的最出色的球队，能够做到专注于最重要的事情上：他们当下必须去做的事情——取得今晚的胜利。

其他我喜欢的陈词滥调

不要在小鸡孵化之前就开始数鸡的数量。

或者在你获得胜利以前，不要开始盘算胜场数量。

好事总是发生在那些愿意等待的人身上。

如果在等待的过程中能够十分努力的话。

欲速则不达。

但是……我们不都是希望尽快完成任务吗？

若非托上帝的福，我也会是如此。

是上帝和那些聪明的球员指引了我的道路。

一分预防胜过十分治疗。

谁能告诉我，这不是一个完美的负向思维？

如果一开始没有成功，那么请不断地尝试。

并找个人来帮帮你。

老狗学不了新把戏。

> 如果它会的老把戏已经很好了，那就别再折腾了。

总是看到光明的一面。

> 说得对，如果这里的"光明"指的是"明智"的话。

一鸟在手，胜过二鸟在林。

> 当处于领先状态并试图耗尽时间时，我就是这么想的。

别咬那只喂养你的手。

> 你倒是可以嚼一下那只没有喂养你的手。

不要挑剔收到的礼物。

> 翻译一下：投进那些罚球，该死。

要全身心投入到比赛当中。

> 听起来好像说的就是我，虽然我常常会先建议将思绪跳出比赛。

人人为我，我为人人。

> 请确保你的球员也是这样想的。

行动胜于雄辩。

> 实际上，有时候我并不苟同。

一条铁链的坚固程度取决于它最薄弱的一环。

> 如果真的有一环很薄弱，那你需要将其换掉。

今日要紧，明日未必。

> 关于庆功过度的说法。

后见之明也是不错的。

> 但先见之明更好一些。

重要的不是胜负，而是你打比赛的态度。

> 你应该当个作家或者广播员。

选择阻力最小的那条路。

> 听起来像是孙子风格的比赛策略。

牵马近水易，逼马饮水难。

> 可能你做得还不够，导致它不够渴。

还有一些我不敢苟同的陈词滥调

正如资深的科学家所言，那些鼓吹我眼中的废话的陈词滥调与名言警句是为什么我们倾向于保持危险的乐观的原因之一。比如说：

你可以做到任何你认为你自己能够做到的事情。

> 现在，你就是那种我想要对阵的教练了。

你可以成为你任何想成为的。

> 是，请从一棵树上飞出来并化身为一只鸟吧。

希望永不息。

> 如今希望取代了太多汗水的作用。

洞穴尽头的光亮……

> ……
>
> 依赖于想象是一件糟糕的事情。

两害相权取其轻……

> ……
>
> 也依然是坏事。

结果好，一切都好。

> 我从来都不是那种会说"哦，好吧，我们赢了！"这类话的教练。

本性难移。

> 当我运营一支篮球队时，我是不会这么认为的。

如果你做了，你该死；如果你没做，你也该死。

> 如果情况果真如此，我会说：别做。

对着洒了一地的牛奶哭是没用的。

> 我的理论是，对着它大叫一番，可能有助于避免这类事情的再度发生。

明枪易躲，暗箭难防。

> 更好的做法是：提升你所运营的公司。

他按照其他鼓手的鼓点行军。

> 这样的家伙很少会出现在胜利游行的队伍中。

守得云开见月明。

> 那朵乌云才是你更需要注意的东西。

可能我们输掉比赛会更好一些。

> 这句话就像是一位大夫对他的患者说："可能你死掉会更好一些。"

离别增情谊……

……

确实会增进情谊，如果是那个讨人厌的家伙离开的话。

爱情和战争是不择手段的。

听起来像是在说那种在主场和在招募球员时会耍手段的教练。

人善被人欺。

招募坏家伙的人的座右铭。

瞎猫也有碰上死耗子的时候。

唯一一个能够解释某些人偶尔也能赢球的理由。

一切都会长出玫瑰花的（指一切都会顺利的）。

如果你种的是葡萄，那就不会。

早起的鸟儿有虫吃。

当然，他可以选择到处看看并且找到更好吃的事物。

一切都会好起来的。

如果你能努力使之发生的话！

篱笆外的草总是更绿一些。

小心他们在那边所使用的肥料。

以剑为生的人，最终会死于剑下。

> 处于剑战时手里没有一把剑也不是一个好主意。

瞎子给瞎子引路。

> 我还真见过这种情况，而且两个人都有哨子。

黎明降临之前都是最黑暗的。

> 我想过一两次这句话……然后我就醒了。

善有善报，恶有恶报。

> 我也是这样看待纳斯卡车赛的。

沉默是金。

> 而当你的球队处于防守端时，沉默会让你被击败。

我还比较喜欢这些陈词滥调

如果青蛙拥有翅膀的话，那么它就不会让自己的屁股碰到地面了。

> 又一个有力的"如果……那么……"的例子。

如果说愿望是一匹马，那么连乞丐都可以骑马。

> 我的兄弟乔·西普利亚诺的版本是：若"如果"与"但是"是糖果与坚果，
> 那么我们的圣诞节将何其美妙。

如果你受不了这个温度，那就离开厨房。

> 你不想今天的"厨房"里有一位杜鲁门先生吗？

你能做的就是打好手上的牌。

> 并且知道何时跟进，何时放牌。

还有一些我想分享的陈词滥调

大卫对阵巨人歌利亚……

如果他们再次对决的话，我打赌歌利亚也会带上一把弹弓。

墙上留下了笔记（指不祥之兆）。

当孩子们有太多自由来玩弄蜡笔。

用小山丘建起一座大山（指小题大做）。

每一位体育记者每天需要面临的挑战。

金钱是罪恶之源。

但是贫穷也没有好到哪里去。

把你的脑袋撞向墙面。

一想到那些糟糕的主意……

橡树果不会落在离橡树很远的地方。

我猜空气动力学是这一现象的原因。

从帽子里拿出一只兔子（指凭空想出不同凡响的解决办法）。

......

在戴上帽子之前，检查一下里面还有没有剩余的兔子。

不入虎穴，焉得虎子？

赌马的人就是凭借这句话挣大钱的。

适者生存。

达尔文本可以成为一名非常出色的教练的。

要看到杯子里有一半是空的，而不是有一半是满的。

听起来和我想的是一样的。

把洗澡水连同婴儿一起扔掉（指不要因小失大）......

......

会导致你不能再得到照看婴儿的工作。

稳扎稳打是获胜的关键。

上一届奥运会是这样吗？

个头越大，摔得越狠。

而敏捷性是让对手摔倒的最好的方法。

你不能既想留着自己的蛋糕，又想吃到蛋糕（鱼与熊掌，不可兼得）。

除非你是整个派对中最贪婪的家伙。

你不能从芜菁中榨出血来。

或者好的口味。

战利品是属于胜利者的。

失败者会得到果实吗？

船到桥头自然直。

当你这么想的时候：还有没有其他的办法？

凡是不能杀死你的，必将使你更加强大。

这是所谓活在刀刃上的定义吗？

艰难之路，唯勇者行。

前行的方向才是关键。

闪电永远不会两次击中同样的位置。

只有当第一次闪电不是毁灭性的时候才能感到如此乐观。

机不可失，失不再来。

难道机会是闪电的亲戚吗？

你看，情况没那么糟糕，不是吗？

这是在打闪电之后说的吗？

时间会治愈一切伤口。

但我记得杂志的警句是："时间会伤害所有脚后跟（指小人嚣张不了多久）。"

关键不在于打斗中的狗的大小，而是这场打斗的激烈程度。

但是真正需要在意的问题是这是一只很大的狗在进行打斗。

正向思考者、负向思考者以及送给你们的箴言

负向思考者: 如果不确定,便保持沉默。

　　　　　　　　正向思考者:永远不会对任何事情感到不确定。

箴言: 比起畅所欲言并试着解决所有困惑,保持沉默并被当做一个傻瓜会更好一些。(林肯)

正向思考者: 谁都不会发现的。

　　　　　　　　负向思考者:错的就是错的。

箴言: 所谓品质,就是在没有人看你时你的所作所为。

结　语

　　我并没有试图留下一种我比读者更加睿智的印象。不要让积极的胡言乱语来粉饰你的本能，那会让你的内心产生自卑，并且不要让"能做到"这种乐观主义占据你的思维。

　　乐观主义

　　悲观主义

　　现实主义

　　在这三种"主义"中，我支持的是第三种——现实主义。

　　我无意自诩为这一整套消极学说的开拓者。你们自己可能就是这一思维的产物。那些语法老师在你第一篇英语作文上写下的红色记号——它们应该不是对你的祝贺吧。我们所有人首先都是通过学习不要做什么来形成做事的方式，需要在学习西斯尔伯顿女士的英语课程后，再开始学习写作与交流——从拼写开始，总是有对错之分，毋庸赘言。

　　诚然，"不要做"在体育中已不是什么新鲜事。停下来想一想那些被视作"基本功主义者"的教练——他们在考虑第二步以前，会十分坚定地要求先掌握第一步。来自公元前500年塞莫皮莱的古希腊伟人地米斯托克利曾经说过一句话（电影《斯巴达300勇士》也曾提到）："先学会简单的事情，再去学更复杂的事情。"

基本功、基本功、基本功

基本功能够消除失败与失利的可能性。最伟大的基本功主义者——在执教领域、战争领域、宗教领域以及商业领域——总是更加关注失利而非胜利。有一句常常遭到批判的执教格言是这么说的："努力避免输球，而不是争取赢球。"于我而言，避免输球实际上就是争取赢球的最佳方法，这其实是一个真正的赢家所固有的本能。批评者会认为这种打法过于保守。我理解这一点，但是我认为，如果你真的能够彻底消除一切你能够输球的方式，那么你离胜利就非常非常近了。

如果你的锋线球员做不到快速开球并且越位，如果你的后场球员还做不到为了避免击球过程中出现漏球而进行传球，如果你的传球手从不观察防守者以及接球者的移动方向，如果接球者根本不看球是否落到自己手里，在接到球以前就观察自己是否能打到前场——那你就制订一次制胜的触底得分战术吧。

所有这些教训都能够帮助你避免输球，也是能够赢球的前奏。在这一点上，并不存在"鸡生蛋还是蛋生鸡"的问题。基本功是最先出现的。当你执行任何一项作业的基础工作，你会发现越简单越好。

我所说的内容中并没有什么令人吃惊的新颖内容。《经典语录》以及其他类似的深入浅出的作品集，能够以一种我们都能够认同的、直接的方式来陈述作者们的主张，而我希望你们也能够像我读到这些作品时那样，收获真正的快乐与发现的兴奋。

我曾经无数次读到别人就一些我熟知的事情所发表的看法，并产生诸如"对！"或"确实如此"或者"我就是这么感觉的"的感慨。或者，有时还会读到他们就一些不同的事物所发表的看法，我会想："我从来都没有这么想过，但确实如此。"

我们从《经典语录》一书中可以学到雄辩与经久不衰的智慧，这一切来自于伟大的哲学家、领袖或者拥有超凡眼光的普通人。蒙田——16世纪法国伟大的作家，在巴特列特出版他的作品的两百年以前，创造了当今我们称之为"随笔（即essay）"的概念——比我更好地讨论了这个问题。

蒙田谈及一批伟大的古代思想家们——中国人、古希腊人、罗马人，在没有当今世界的不健康的乐观主义的影响下，他们都曾经分析过我们的弱点与优点——而蒙田则描述了他在阅读这些伟人的思想时所产生的感想。他发现，在他读到前人的语句之前，它们实际上已经在他的脑海中出现过，这些语句与他自己的想法是如此的相似：

> 若我有幸遇见那些出色的作家，实际上我确实常常会遇见一些出色的作家，当我试图探讨同一个问题的时候，与他们相比，我会认为自己是那么的无力且渺小、沉重又迟缓，我对于自己只有遗憾与鄙视。尽管如此，我还是会因为我自己的观点有幸常常同他们的观点一致而感到高兴。尽管望尘

莫及，但我至少同他们走在同样的方向上，发出"太对了！"
的感慨。

我希望通过阅读一两遍这些篇章，你们能够发出类似"太对了！"
这样的感慨。另外，也许……可能……仅仅是可能，你们在读完以
后，至少会感觉在别人试图说服你的时候，你不会因为自己不拥有像
对方一样阳光的乐观主义而感到惭愧。

请记住：犹豫的人可能并没有迷失，如果是沉浸在有益的、健康
的想法之中。

附录:

负向思考帮助鲍勃·奈特取得的辉煌

负向思维帮助鲍勃·奈特入选篮球名人堂

入选年份:1991年

大学篮球名人堂

特许入选者

入选年份:2006年

3次NCAA总冠军

历史上最后一支以全胜战绩夺冠的球队。

1984年奥运会冠军

以及泛美运动会、NIT锦标赛、NIT季前赛、CCA联赛冠军

902场胜利

首位在男子一级分区胜场数达到900场的主教练

5次年度最佳教练奖

1975年、1976年、1987年、1989年、2002年

11次大十联盟总冠军

包括联盟仅有的两次18胜0负的赛季战绩

大十联盟37连胜

1974至1977年间创下大十联盟纪录

近乎完美的学生毕业率

指打满四年的球员